航空运输类专业系列教材

形 体 训 练

张桂兰 主 编

电子工業出版社

Publishing House of Electronics Industry

北京·BEIJING

内容简介

本书分为两篇,包含十一章内容,以提高服务行业从业人员的形体素质为主导,以改善和塑造身体形态、培养高雅气质和风度为目标,通过理论与实践的结合阐明形体训练的科学原理与基本姿态练习的方法、服务行业从业人员的职业形体要求、当今最为流行的形体健身与塑身项目、用器械进行形体训练的动作介绍等。本书在练习方法的选择上力求简单易行,以便使读者根据自身的情况,有针对性地进行各种练习,确定并采用合适的运动方法,弥补形体的缺陷和不足,使身体的各部位更加匀称协调。

本书既可作为应用型本科院校、高职高专院校相关专业的教学用书,也可作为服务行业从业人员,尤其是空乘人员、礼仪接待人员、饭店管理人员等的参考用书。

图书在版编目(CIP)数据

形体训练/张桂兰主编 . 一北京: 电子工业出版社, 2021.9
ISBN 978-7-121-42070-2

Ⅰ. ①形…   Ⅱ. ①张…   Ⅲ. ①形体—健身运动—高等学校—教材   Ⅳ. ①G831.3

中国版本图书馆 CIP 数据核字(2021)第 192012 号

责任编辑:李　静　　文字编辑:张　慧
印　　刷:北京七彩京通数码快印有限公司
装　　订:北京七彩京通数码快印有限公司
出版发行:电子工业出版社
　　　　北京市海淀区万寿路 173 信箱　邮编 100036
开　　本:787×1092　1/16　印张:10.25　　字数:262.4 千字
版　　次:2021 年 9 月第 1 版
印　　次:2025 年 8 月第 5 次印刷
定　　价:35.80 元

凡所购买电子工业出版社图书有缺损问题,请向购买书店调换。若书店售缺,请与本社发行部联系,联系及邮购电话:(010)88254888,88258888。
质量投诉请发邮件至 zlts@ phei. com. cn,盗版侵权举报请发邮件至 dbqq@ phei. com. cn。
本书咨询联系方式:(010)88254604,lijing@ phei. com. cn。

航空运输类专业系列教材
建设委员会

协助建设单位

国际航空运输协会	长沙南方职业学院	武汉东湖光电学校
春秋航空股份有限公司	长沙商贸旅游职业技术学院	闽西职业技术学院
奥凯航空有限公司	长沙民政职业技术学院	黄冈职业技术学院
香港快运航空公司	南京航空航天大学	衡水职业技术学院
重庆机场集团有限公司	浙江旅游职业学院	山东海事职业学院
北京外航服务责任有限公司	潍坊工程职业学院	安徽建工技师学院
北京临空国际技术研究院	江苏工程职业技术学院	安徽国防科技职业学院
郑州中原国际航空控股发展	江苏安全技术职业学院	惠州市财经职业技术学校
有限公司	湖南生物机电职业技术学院	黑龙江能源职业学院
杭州开元书局有限公司	河南交通职业技术学院	北京经济管理职业学院
三亚航空旅游职业学院	浙江交通职业技术学院	四川文化传媒职业学院
广州民航职业技术学院	新疆天山职业技术大学	济宁职业技术学院
浙江育英职业技术学院	正德职业技术学院	泉州海洋职业学院
西安航空职业技术学院	山东外贸职业学院	辽源职业技术学院
武汉职业技术学院	山东轻工职业学院	江海职业技术学院
武汉城市职业学院	三峡旅游职业技术学院	云南经济管理学院
江西青年职业学院	郑州大学	江苏航空职业技术学院
长沙航空职业技术学院	滨州学院	德州科技职业学院
成都航空职业技术学院	九江学院	河南工业贸易职业学院
上海民航职业技术学院	安阳学院	兰州航空职业技术学院
南京旅游职业学院	河南工学院	四川交通职业技术学院
西安交通大学	中国石油大学	烟台工程职业技术学院
三峡航空学院	厦门南洋职业学院	重庆第二师范学院
西安航空学院	广州市交通技师学院	南阳师范学院
北京理工大学	吉林经济管理干部学院	成都文理学院
北京城市学院	石家庄工程职业学院	郑州工商学院
烟台南山学院	陕西青年职业学院	云南旅游职业学院
青岛工学院	廊坊职业技术学院	武汉外语外事职业学院
西安航空职工大学	廊坊燕京职业技术学院	德阳川江机电职业学校
南通科技职业学院	秦皇岛职业技术学院	武汉外语外事职业学院
中国民航管理干部学院	广州珠江职业技术学院	湖北交通职业技术学院
郑州航空工业管理学院	广州涉外经济职业技术学院	

《形 体 训 练》
编 委 会

主　编　张桂兰

副主编　吴甜甜　蔡　莉

参　编　庞　荣　魏扬帆　任　河

前　言

为了推动我国高职高专教育的改革和发展,完善高职教育专业人才培养的课程体系,根据职业技术教育的特点及要求,我们编写了这本书。

本书以提高服务行业从业人员的形体素质为主导,以改善和塑造身体形态、培养高雅气质和风度为目标,通过理论与实践的结合阐明形体训练的科学原理与基本姿态练习的方法、服务行业从业人员的职业形体要求、当今最为流行的形体健身与塑身项目、用器械进行形体训练的动作介绍等。本书在练习方法的选择上力求简单易行,以便使读者根据自身的情况,有针对性地进行各种练习,确定并采用合适的运动方法,弥补形体的缺陷和不足,使身体的各部位更加匀称协调。

本书由张桂兰主编。全书共十一章,其中,任河编写了第一章和第六章;蔡莉编写了第二章的第一节至第四节和第七章;庞荣编写了第二章的第五节和第八章;吴甜甜编写了第三章和第九章;张桂兰编写了第四章、第五章、第十章;魏扬帆编写了第十一章。全书由张桂兰统稿。

本书在编写过程中,得到了长沙航空职业技术学院、武汉城市职业学院、武汉职业技术学院、成都航空职业技术学院、浙江育英职业技术学院领导的大力支持与帮助,在此,表示衷心的感谢! 同时,本书在编写过程中还参考了许多相关教材与资料,在此向有关作者表示诚挚的谢意!

本书中的示范动作由长沙航空职业技术学院航空服务专业的学生伍向丽、石佳娆、喻菁菁、罗阳子、朱鹏、孟奇、江虹霖等完成,在此表示衷心的感谢!

由于编者水平有限,书中难免会有不妥和错误之处,恳请广大读者批评指正。

如有老师需要教学资源,请和作者联系,QQ:228651816(邮箱:228651816@ qq. com)。

张桂兰

目　录

理 论 篇

第一章　形体训练概述

学习提示

通过本章的学习,了解形体训练的概念、特点和作用,掌握形体训练的基本内容和要求、身体肌群分类。

第一节　形体训练的概念

形体,是指人在先天遗传变异和后天获得的基础上所表现出来的身体形态上的相对稳定的特征,是人体结构的外在表现,是人体美的一种艺术表现形式,是包括人的表情、姿态和体形在内的外在形象的总和。人们在日常工作和生活中的各种姿态正确与否,直接影响着人们的工作和生活质量。随着人类文明程度的不断提高,人们对姿态的要求已不再是简单的正确与否,而是上升到了对姿态美的向往和追求的层次。所有这些,只有通过持之以恒的形体训练、适当的休息、合理的营养和饮食才能达到。那么,什么是形体训练呢?

形体训练分为狭义和广义两种。

狭义的形体训练被定义为形体健美训练,是以人体科学为理论基础,运用科学健身的理念和方法,通过徒手或利用各种器械进行训练,采用专门的动作方式和方法,以改变人体形态的原始状态、提高灵活性、增强可塑性为目的的形体素质基本练习。

广义的形体训练被定义为,只要是有形体动作的训练就可以叫作形体训练。按照这样的定义,某些服务行业的程式化动作,如迎宾、端盘、上菜、礼仪姿势等训练,也可称为形体训练。

综上所述,形体训练是一个有目的、有计划、有组织的练习过程。通过练习,不仅可以提高人们的身体素质,塑造优美的体形,培养高雅的仪态与气质,陶冶情操,还能纠正人们在生活中不正确的姿态,矫正身体发育中的某些畸形。可以说,形体训练是所有运动项目的基础。

形体训练既可以采用徒手的方式进行练习,如姿态操、韵律操、健美操、太极、健身跑等;也可以借助运动器械进行练习,如把杆、绳、圈、带、球、肋木、哑铃、杠铃、拉力器等。

形体训练的方式和内容是多种多样的,但都离不开基本素质训练和基本姿态训练,为了增加形体训练的趣味性,还可进行健美操、舞蹈、野外健身跑等训练。形体训练简单易行、适用性强,能有效增强人们的体质,塑造人们的体形,陶冶人们的情操。

著名的美学家朱光潜先生说:"人体以它生动、柔和的线条与轮廓,有力的体魄与匀称的形态,滋润、光泽、透明的色彩,成为大自然中最完美的一部分,标志着我们这个星球上最高级生命的尊严。"这段话也反映出进行形体训练的必要性。

第二节　形体训练的特点

健康是形体美的基础,只有健康的身体,才能拥有形体美、姿态美、动作美和气质美。形体训练具体有以下特点。

一、以自然性动作为基础的节奏运动

自然性动作是指按照人体自然状态下的运动规律和人体运动的自然法则所进行的动作。形体训练是指以人体活动为主要形式的练习。在进行运动时,无论是上肢、下肢还是躯干的动作都是根据人体运动的自然法则进行的,从胸、腹的中线开始发力,传递到各部位来完成动作,而且每个动作都有起点和终点,并遵循节奏和用力的分配规律。摆动、波浪和弹性动作是节奏运动的基本动作,也是形体训练的基本形式,肌肉紧张与放松是体现形体动作节奏性的关键。因此,形体训练的节奏在于内在节奏(呼吸和对音乐的理解)与外在节奏(动作大小、快慢交替、强弱)的有机统一。

二、全面性和针对性

形体训练内容丰富、动作变化多样,各类动作的编排都是遵循人体的运动规律,为达到身体匀称、均衡、协调、健美的目的而进行的。合理地选择形体训练的内容,科学地进行锻炼,能全面增强人体运动系统、内脏系统和神经系统的功能,促进人体的正常发育和身体素质的全面发展。形体训练的针对性强,选择某一动作重点地锻炼身体的某一部位或专门针对某项身体素质进行练习,能进一步促进身体的全面发展。

三、优美性和艺术性

形体训练是在人体解剖学、运动生理学、运动心理学、运动训练学、体育美学、人体艺术造型学等学科的理论指导下进行的,其动作内容符合人体的生理和心理特点,各类动作不仅具有优美性和艺术性,而且可以充分展现协调、韵律、优美等健美气质。

形体训练是追求人的身心美的艺术运动,它不仅能提高练习者的兴趣,而且能发挥练习者的想象力,培养动作的节奏感,促进身心的全面发展,同时还能使练习者在训练中达到忘我的境界。练习者可以根据不同的音乐节奏和风格,编创出不同风格和形式的形体动作,使形体训练更富感染力。

四、内容丰富,易于普及

形体训练动作简单易学,人们可根据不同的要求,以及自身年龄、身体条件和训练水平,选择不同的练习内容和方法,有针对性地进行练习,以达到增强体质、塑造形体的目的。因此形体训练深受人们的喜爱,也易于普及和推广。

第三节 形体训练的作用

一、增进健康美

健康美是指在健康身体的基础上所表现出来的良好的精神状态、气质和风度,它比一般意义上理解的身体健康有更高的目标和追求,其在发展身体、增进健康的同时,更强调人的机体能力的提高和整个体质的增强,强调健美外形、身体机能和心理品质的协调统一。形体训练通过自身特有的练习内容,不仅能促进练习者全面的锻炼身体、增强健康,还能促进练习者的骨骼、肌肉等方面的正常发育,有助练习者形成正确的身体姿势,而且能提高练习者的柔韧、协调、灵敏、力量等身体素质,对练习者培养良好的气质有重要帮助。

二、塑造形体美

人体的形体美,即指人体外形的匀称、和谐。形体美基本上是由身高、体重和人体各部分的长度、围度及比例所决定的。通过形体训练,可以培养练习者健美的体态,使练习者的身体匀称、和谐地发展,使练习者动作姿势优美、几何轮廓清晰,从而塑造出优美的形体。

三、陶冶心灵美

形体训练由于它本身具有的特点,因此兼具了陶冶心灵美这一特殊的作用。形体训练将心灵美寓于体育之中,使美育与体育得到完美的结合。通过形体训练,不仅使练习者有意识地美化形体,使其发育匀称,也使练习者养成对姿态美、动作美、形体美的正确审美观念,而且通过对音乐的理解和运用,促进其陶冶情操,激发其对美的追求,从而进一步提高其对美的鉴赏能力。

第四节 形体训练的基本内容和要求

一、形体训练的基本内容

形体训练内容丰富、形式多样、简单易学。归纳起来,其训练内容分为徒手学习、持轻器械练习和专业器械练习三大部分。

1. 徒手练习

徒手对身体形态进行系统的专业训练,是形体训练的主要练习形式,它包括基本姿态

3

练习、基本动作练习、基本步伐练习、身体素质练习、把杆练习,以及这些动作的组合练习。徒手练习可以单独练习,也可以集体练习;既可作为体育教学内容,又可作为舞台上的表演节目。

(1)基本姿态练习。基本姿态是人体最基本的姿势,能反映一个人的精神面貌和体态美。基本姿态有站、坐、卧等动作。所谓"站如松,坐如钟,行如风,卧如弓",是古人对人们日常生活中最基本的行为举止提出的一个良好的要求。可见,姿态与日常生活息息相关,早就引起了人们的注意。人在生活中的各种动作和姿态主要通过头部、躯干、上肢、下肢四个部位表现出来,优美的姿态会给人以赏心悦目的美感。由于一个人的姿态不仅具有较强的可塑性,还具有一定的稳定性,因此通过一定的训练,可以改变人的诸多不良体态,如斜肩、含胸、松胯,行走时屈膝晃体、步伐拖沓等。

(2)基本动作练习。基本动作练习是形体训练内容的核心部分,它包括手臂基本动作练习、躯干基本动作练习、腿部基本动作练习等。通过练习,掌握基本动作的正确做法,使人体的肌肉得到全面锻炼,可以有效改善关节的灵活性,培养身体动作的协调性、节奏感和表现力,以及动作姿势的优美性,增强控制身体平衡的能力,促进体态美的形成。

(3)把杆练习。把杆练习是对身体形态进行专门的系统训练的一种方法,也是提高身体形态控制能力的重要内容。通过把杆练习,能增强腰、腿部的力量和柔韧性,逐步形成正确的站姿、坐姿、走姿等,并可提高身体的灵活性。

2. 持轻器械练习

持轻器械练习是指练习者手持一定器械进行有针对性的练习。它是在徒手练习的基础上,根据形体训练所要达到的目的和手持器械的性能特点,有选择地进行的一项练习。此项练习大都是对身体某一部位进行专门化的训练。例如,哑铃和橡皮带练习,它对增强上肢各部位关节的柔韧性、灵活性和完成动作时肌肉的控制能力有较强的作用;球操练习,两手持球有助于增大动作幅度,充分展体,用两脚和腿持球或夹球增加了脚和腿的负荷,同时,该项练习要求身体上下协调配合,对锻炼腰腹肌群效果较好。因此,持轻器械练习能增强身体各关节的柔韧性、灵活性和完成动作时对肌肉的控制能力,能培养正确的身体姿势,提高身体的协调性。

3. 专业器械练习

专业器械练习是练习者在专业器械上进行全面的身体素质的练习。它通过器械的重量、形状增加对肌肉的阻力和身体动作的限制,从而达到消耗脂肪,增强关节的柔韧性、灵活性和控制力的目的,有利于塑造健美匀称的体形。但这些练习需要在专业教师的指导下,按照周密详细的训练方案和训练进度,有针对性地进行。

二、形体训练基本要求

(1)训练前,必须做好准备活动。

(2)训练时,要穿有弹性的紧身服装或宽松的休闲服,穿体操鞋、舞蹈鞋或健身鞋。

(3)训练时,不能佩戴饰物,以免发生伤害事故。

(4)训练要有计划、有步骤,循序渐进,要持之以恒,切忌忽冷忽热、断断续续,力求系统地掌握形体训练的有关知识和方法。

(5)要保持训练场的整洁和安静。

（6）在做器械练习时,要有专人指导和帮助,特别是使用联合器械时,要注意训练的安全性。

（7）在训练中和训练后要注意补充水分,同时日常饮食要注意营养的合理搭配。

第五节　身体肌群分类

身体各部位肌肉分布与名称如图 1-5-1 和图 1-5-2 所示。

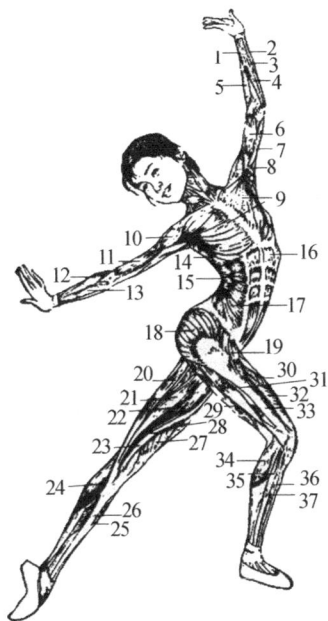

1、13—屈指浅肌；2—伸指总肌；3—桡侧伸腕短肌；4—桡侧伸腕长肌；5、12—肱桡肌；6—肱二头肌；7、11—肱三头肌；8、10—三角肌；9—胸大肌；14—背阔肌；15—前锯肌；16—腹直肌；17—腹外斜肌；18—臀大肌；19—阔筋膜张肌；20、29—半腱肌；21、31—股二头肌长头；22—内收大肌；23、30—缝匠肌；24、34—腓肠肌；25、37—胫骨前肌；26—比目鱼肌；27—股内侧肌；28—股直肌；32—股外侧肌；33—股二头肌短头；35—腓骨肌；36—伸趾长肌。

图 1-5-1

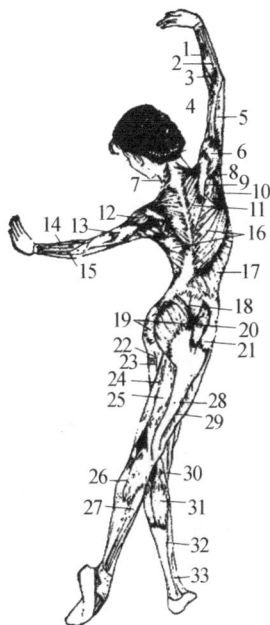

1、14—伸指总肌；2、15—尺侧伸腕肌；3—桡侧伸腕长肌；4—肱二头肌；5、13—肱三头肌；6、12—三角肌；7、11—斜方肌；8、9、10—背部伸肌；16—背阔肌；17—腹外斜肌；18—臀中肌；19—臀大肌；20—臀小肌；21—阔筋膜张肌；22—半膜肌；23、24—半腱肌；25—股二头肌；26、31—腓肠肌；27—腓骨长肌；28—阔筋膜；29—股外侧肌；30—腘肌；32—比目鱼肌；33—跟腱。

图 1-5-2

1. 脖颈肌群

重点练习部位:胸锁乳突肌。

作用:可矫正脖颈过短、软弱无力的缺陷;纠正头部不正确的姿势。

2. 肩臂部肌群

重点练习部位:三角肌、肱二头肌。

作用:克服肩和臂部无力,防止窄肩,使肩和臂部匀称协调发展。

3. 胸部肌群

重点练习部位:胸大肌。

作用:纠正扁平胸、凹肩、驼背,使胸部丰满、双肩匀称。

4. 背部肌群

重点练习部位:背阔肌。

作用:锻炼背部肌肉,消耗肥胖者背部多余脂肪,使背部肌肉结实而丰润。

5. 腰腹部肌群

重点练习部位:腹肌等。

作用:可消耗多余的腰腹部皮下脂肪,增强腰腹部肌群力量。

6. 臀部肌群

重点练习部位:臀大肌。

作用:消耗臀部多余脂肪,预防臀部下坠,使臀部线条优美。

7. 腿部肌群

重点练习部位:股四头肌。

作用:可防止腿部肌肉萎缩,使腿部肌肉结实而丰润,并能矫正腿部生理缺陷,使其保持线条优美。

学 法 指 导

1. 学习要点:形体训练概念的理解;形体训练的特点、原则;肌群分类。
2. 延伸学习:明确自身学习与锻炼的总体目标。

思考与练习

1. 形体训练有哪些特点与作用?
2. 根据身体肌群分类进行形体训练的方法有哪些?

第二章　形体美的评价

学习提示

　　通过本章的学习,掌握形体美的基本知识,了解男女形体美的标准及服务行业从业人员形体美的职业标准,掌握形体测量的内容与方法,能够进行自我形体检测。

第一节　什么是形体美

　　形体美是人本质力量在体育运动实践这个特定领域中的感性显现,它反映的是人体自身与运动的审美关系。由于形体美是以人为审美对象,以人体运动为主要手段的,因此它是人的本质力量在自身的直接展示、确证和实现。具体而言,形体美就是人的身体曲线美,是指人的躯体线条结合人的情感和品质,并通过形象、姿态展现于欣赏者眼前的一种美。

　　形体美有物的形体美和人的形体美之分,物的形体美纯属外表之美,而人的形体美则是外在美与内在美的契合,形体美是由内向外散发的美,真正的美是肉体与精神的结合,而精神美又包括了温柔、情爱、优雅、娴静等因素。因此,形体美不但要展现体形美、姿态美和动作美,还要充分展现精神美。体形美是一种自然的美,比较集中地表现在比例均衡、对称、和谐等形式上。女性以柔美和秀美的曲线为美,男性以强壮和威严为美,每个人都希望自己的体形匀称、协调、健美,这也是人们不断追求的形体美的目标。姿态是指一个人在静止或活动中所表现出来的身体姿势和举止神情。姿态美是指人体在空间运动和变化时的样式,优美的身体姿态与造型,就像一首诗述说着人的内心与外在世界。动作美是运动中健康能力、表现能力和精神风貌的体现,是形体美的一种表现形式,它的美不仅来自各种舞姿和体育运动,还来自人们日常生活的动作。

　　英国著名哲学家培根说:"相貌的美高于色泽的美,而秀雅合适的动作美又高于相貌美,这是美的精华。"形体训练是指练习者通过对形体的认知,运用科学的健身理念与方法,通过各种身体练习以增进健康、增强体质、塑造体形、培养姿态、陶冶情操,它是一个有目的、有计划、有组织的教育过程。

　　形体,指人身体的形态、体态,由体格、体形、姿态三个方面构成。

7

（1）体格指标包括人的身高、体重、胸围等。其中,身高主要反映骨骼的生长发育状况,体重反映骨骼、肌肉、脂肪等重量的综合变化状况,胸围反映胸廓的大小及胸部肌肉的生长发育状况。所以,身高、体重、胸围被列为人体形态变化的三项基本指标。

（2）体形是指身体各部分的比例,如躯干上下部分的比例,身高与肩宽的比例,胸围、腰围、臀围之间的比例等。体形主要取决于骨骼的组成与肌肉的状况。著名画家达·芬奇说过:"美感完全建立在各部分之间神圣的比例关系上。"由此可见,体形是否美,主要取决于身体各部分发展的均衡与整体的和谐统一。

（3）姿态是指人坐、立、行等各种基本活动的姿势。人体的姿势主要通过脊柱弯曲的程度,四肢及头的部位等来体现。正确、优美的姿势不仅反映出人的形体美,还能反映出一个人的精神面貌与气质。可以说,姿态是展示人的"内在美"的一个重要窗口。

综上所述,形体美的含义是:由健美体格、完美体形、优美姿态、良好气质融汇而成,并充分展现出来的和谐的整体美。

第二节　形体健美的类型、条件和标准

一、形体健美的类型

人体的形体是指人体解剖结构形成的外部特征,其实质就是人体骨骼、肌肉和脂肪等的组成比例和分布状况。由于组成比例和分布状况不同,因此构成了各种各样的不同体形。近年来,许多健美专家、学者从不同的角度,对男女的健美形体进行了大量的研究和分类,把人体的形体健美划分为以下五种类型。

1. 力量型

力量型的健美的形体的特征是肌纤维特别粗壮,肌肉特别发达,线条轮廓特别明显,这是现代健美比赛中健美运动员所崇尚的形体。现代健美比赛参赛者和健美表演者,多是这种力量型的形体。这种形体主要是借助杠铃、哑铃或综合训练器械的练习形成的,通过做各种身体力量练习,使全身各部位的肌群得到强有力的、协调的、匀称的发展。

2. 体能型

体能型的健美的形体的特征是肌肉发达、比例匀称,这是适于参加各种运动的形体。米隆《掷铁饼者》的塑像就是这种形体的典型代表。这种形体是借助多种器械和手段的练习形成的。

3. 多姿型

多姿型的健美的形体的特征是肌肉发达而不多余,身体线条优美。现代芭蕾舞演员、艺术体操运动员、健美操运动员和健身小组成员的形体多属于多姿型。这种形体多是通过舞蹈动作和轻器械的练习形成的。这是现代女性所倾慕和追求的形体之一。

4. 姿态型

姿态型的健美的形体的特征是将肉体美与姿态美两者相结合。塑造这种形体,除通过各种身体练习来调整体重和体围的比例外,还要约束自己的一举一动,力求动作的规范

化,从而形成自己独特的风度和姿态。这是在现代生活中人们所追求的形体之一。

5. 适应型

适应型的健美的形体的特征是从自己的实际情况出发,有针对性地进行身体练习,使身高、体重和体围比例更协调,充分发挥自己形体的优势,设法弥补身高的不足,塑造自己理想的形体。这是现代大众健美所追求的形体之一。

二、形体健美应具备的条件

形体健美是指健、力、美的有机结合。形体健美从自然美的角度来看,主要指协调、丰满,有生机、有力量;从造型美的角度来看,应该是匀称、均衡、稳定、统一,即寓美于健,健美相融,并把形体美同仪表美、行为美、心灵美统一起来。

综合古今中外健美专家对人体形体健美达成的共识,男女形体健美应具备以下 10 个条件。

(1) 骨骼发育正常,关节不显得粗大、凸出,身体各部分之间的比例适度,呈匀称感。

(2) 男子肌肉均衡发达,四肢肌肉收紧时,其肌肉轮廓清晰;女子体态丰满而无肥胖臃肿感。男女皮下脂肪适度。

(3) 五官端正,自然分布于面部,并与头部的比例配合协调。女子应眼大眸明,牙齿整齐,鼻子挺直,脖颈修长;男子应面部轮廓清晰分明,五官和谐,眼睛有神。

(4) 双肩对称,男子应结实、挺拔、宽厚;女子应丰满圆润,双肩微呈下削,无耸肩或垂肩之感。

(5) 脊柱背视成直线,侧视具有正常的生理曲线。肩胛骨无翼状隆起和上翻之感。

(6) 男子胸廓宽阔厚实,胸肌隆鼓,背视腰以上躯干呈 V 形(胸宽腰窄),给人以健壮和魁梧感;女子乳房丰满挺拔,有弹性而不下坠,侧视有女性特有的曲线美感。男女都无含胸驼背之态。

(7) 女子腰细有力,微呈圆柱形,腹部扁平,无明显脂肪堆积,具有合适的腰围,女子腰围比臀围约细三分之一;男子在处于放松状态时,仍有腹肌垒块隐现。

(8) 男子臀部鼓实,稍上翘;女子臀部圆满,不下垂。

(9) 男子下肢强壮,双腿矫健;女子下肢修长,线条柔和。男女小腿长而腓肠肌位置较高并稍凸出,足弓高,双腿并拢时正视和侧视均无屈曲感。

(10) 整体看无粗笨、虚胖、瘦弱、纤细、歪斜、畸形、重心不稳、比例失调等形态异常现象。

综合以上 10 条,男子应呈现肌肉发达健美、体格魁梧、比例匀称、体态端正、身手有力的特征;女子则应呈现丰满圆润、曲线优美、端庄秀丽、行动矫健有力的特征。上述 10 条是"十全十美"的人体形体。虽然,人体的骨骼、肌肉、脂肪、皮肤、五官是否符合人体形体健美的条件与先天遗传因素有很大的关系,但后天人工塑造和施加的影响,在很大程度上能发挥先天的优点,克服和弥补先天的不足,使其接近和达到形体健美的条件。

以女性为例,以下是形体健美的具体表现。

1. 颈(如图 2-2-1 所示)

形状:修长、线条清晰。

比例:颈长应当是脸长的二分之一,纤细度、长度与肩、上臂的比例适中。

2. 肩(如图 2-2-1 所示)

形状:平、正、对称、不溜肩,可看到锁骨。女子肩膀圆润,可以突出其秀美的曲线。

比例:肩宽于髋,腰围小于髋部。

3. 臂(如图 2-2-2 所示)

(1)前臂。

形状:平滑、圆润、内外有弧线。

比例:与上臂比例协调。

(2)上臂。

形状:平滑,收紧时能看到肱二头肌。

比例:与全身比例协调。

图 2-2-1　　　　　　　　　　　　　　　　图 2-2-2

4. 胸(如图 2-2-3 所示)

(1)胸上。

形状:胸至锁骨处可以看见比较明显的锁骨线,位置较高。

比例:突起丰满,轮廓向外。

(2)胸下。

形状:丰满、坚挺富有弹性,可以看到明显的外圆弧形。

比例:用 B 杯胸罩,大小适中,曲线优美。

5. 背(如图 2-2-4 所示)

形状:平且两边呈 V 形。

比例:与腰、臀协调。

6. 腰

(1)前腰。

形状:脂肪少而平坦、无下垂。

比例:下腹无突出感,腰线适中。

(2)侧腰。

形状:手臂伸直贴于体侧,与侧腰线有明显缝隙,曲线呈 V 形。

图 2-2-3

图 2-2-4

（3）后腰（如图 2-2-5 所示）。

形状：平、窄。

7. 臀（如图 2-2-5 所示）

（1）臀下。

形状：臀位高，臀部圆翘，球形上收，从臀下到大腿内侧圆滑过渡。

比例：与腰、大腿相比比例适中，大腿后无脂肪堆积，宽度与肩齐或略比肩宽。

（2）臀上。

形状：臀峰高且圆滑，腰向臀或大腿过渡平稳且明显。

比例：无下垂，脂肪少，大小比例适中。

8. 大腿（如图 2-2-6 所示）

图 2-2-5

图 2-2-6

形状：修长而线条柔和。

比例：躯干短、腿长，重心高。腿的长度大于或等于肩部到脚底长度的二分之一。

（1）前侧。

形状：表面平滑、有弧形、圆滑，向膝过渡有平滑感。

（2）内侧。

形状:平滑、圆润,双腿并拢时有接触点,双腿分开时中间、上面有弧线。

（3）外侧。

形状:平滑、圆润,无明显肌肉块。

（4）后侧。

形状:有圆滑弧线,臀折线浅,从臀到小腿有明显过渡,可看到肱三头肌但不明显,无明显的脂肪堆积。

9. 小腿（如图2-2-6所示）

形状:小腿腓肠肌在小腿上三分之一处,肌肉线条优美,体积小。

10. 膝

形状:平滑,膝盖周围无多余脂肪,大腿伸直后,膝盖无向上突出感。

比例:膝与大腿、小腿过渡平滑,无突出感。

11. 踝、足

形状:踝细、足弓高。

比例:踝呈漏斗状,足形态美观。

三、形体健美的标准

形体美是人体健美的主要内容之一,形体的健美在很大程度上取决于身体各部位比例协调。身高、体重和胸围的对应关系不但反映一个人形体的美的程度,同时也反映一个人的健康的程度。

1. 普通成年男子形体健美标准

普通成年男子形体健美标准见表2-2-1。

表2-2-1　普通成年男子形体健美标准

身高/厘米	体重/千克	胸围/厘米		上臂屈	颈围	小腿围	大腿围/厘米	腰围/厘米
		常态	深吸气	/厘米				
153~154	50	94	97	32		48		65
155~156	52	94	98	32		49		65
157~159	54	95	99	33		50		66
160~162	56	97	101	33		51		66
163~165	58	98	102	34		51		68
166~168	61	99	103	34		52		69
169~170	63	100	104	35		52		69
171~173	65	100	105	36		53		70
174~175	67	102	107	36		54		71
176~179	70	103	108	36		55		72
180~181	72	103	109	36		55		73
182~183	75	104	110	37		56		74

2. 普通成年女子形体健美标准

女子形体健美的主要参考点为三围,即胸围、腰围和臀围。丰满、挺拔的胸部是展现女性曲线美的主要标志之一。乳房应丰满且富有弹性,并应有适度发达的胸肌作为依托,从而构成胸部优美的曲线。过分松弛或干瘪的乳房将影响女性的形体健美。坚实平坦的腹部和纤细、苗条的腰部是女性曲线美的又一标志。腰腹周围若堆积过多皮下脂肪,无疑会使人显得臃肿难看。丰满而适中的臀部是展现女性曲线的另一标志。臀部过分肥大同样会显得臃肿,不利于形体健美;而过于瘦小的臀部则表现不出形体的曲线。修长且有力的四肢也是女子形体美不可缺少的一部分。腿部应略长于躯干,这样可使身体显得修长而苗条;腿部既不能粗胖,也不能瘦长,而应有结实的肌肉,这样才能显出腿部优美的曲线。因此,健美的形体的首要标准是身体各部位比例匀称协调,按照分类当然还应以多姿型的健美的形体为佳。

普通成年女子形体健美标准见表2-2-2。

表2-2-2　普通成年女子形体健美标准

身高/厘米	体重/千克	吸气后胸围/厘米	腰围/厘米	臀围/厘米
154～155	47.5	88	58	88
156～158	48.5	88	58	88
159～160	50	89	59	89
161～163	51.5	89	59	89
164～166	53	90	60	90
167～169	54.5	90	60	90
170～171	56	92	61	92
172～174	58	92	61	92
175～176	60	94	64	94
177～180	61.5	98	66	96

第三节　影响形体美的因素

一、身高和体重

人的形体美主要取决于身高与体重的比例是否协调。一般而言,身高较多地依赖于遗传,而体重、胸围、腰围、臀围等则受后天的影响较大。因此,塑造形体美,就必须遵循人体生长发育的规律,根据自身的条件,通过控制肌肉和脂肪这两个可变的因素,消除多余脂肪,强健肌肉,从而使身体协调、匀称。

二、姿态美

姿态美与形体美关系密切。在日常生活中,形体美需要通过优美的姿态来展现。例如,躯干挺直的人与腰部松垮的人自由站立时给人的观感就有明显差异。前者由于其良好的姿态,可以充分表现出形体美,而后者由于其腰部松垮,只会给人留下形体不美的印象。

要形成姿态美,就必须通过严格的形体训练,培养正确的坐、立、行的基本姿势。

三、动作美

动作美是形体美的一种表现形式,动作美中蕴含着姿态美。姿态有动有静,如坐、立、卧、蹲等表现的是静的姿态,而走、跑、跳等表现的是动的姿态。无论是静态还是动态,完成动作时都要轻松、协调,这样才能显示出动作美。

四、气质美

气质是人的高级神经活动类型特点在行为方式上的表现。在日常生活中,通常指人的典型而稳定的个性特点、风格和气度。由此可见,气质似虚非虚,看似无形,实则有形,反映在一个人对待现实生活的态度、个性、自我调整能力和言行特征等方面。它既能展示出人的端庄、典雅,也能表现出人的猥琐和俗气。正由于气质是内在美自然、真实的流露,所以它可以使形体美、姿态美、动作美达到更高的境界,使人具有永久的魅力。

气质的形成,虽与人的体质、神经类型、遗传等生理特征有关,但最终要受后天的环境(自然环境、社会环境)、家庭条件、文化教育、自身修养的影响。因此,只有在加强形体训练,提高形体美、姿态美、动作美的同时,全面提高自己的文化素养、道德修养、美学素养,才能具有气质美。

五、营养

营养是影响形体美的重要因素。美的形体是通过训练得到的,没有科学合理的营养搭配,就不能保证人体的正常生长发育。训练后,不能及时地补充营养,也就无法弥补由于训练所造成的能量损耗,形体训练的效果也就无从谈起。只有保证科学合理的营养补充,才有可能获得美的形体。

第四节 形体指标测量的内容与方法

一、形态美

(1)标准体重(千克)。

男性标准体重(千克)=[身高(厘米)−100]×0.9

女性标准体重(千克)=[身高(厘米)−105]×0.95

肥胖度(%)=(实际体重−标准体重)÷标准体重×100%

肥胖度在±10%范围内为正常,在10.1%~20%为过重,超过20.1%则为中度肥胖。

为了促进学生体质健康发展,激励学生积极进行身体锻炼,教育部、国家体育总局于2007年7月4日颁发了《国家学生体质健康标准》,对大学生身高标准体重评分做了一个统一的规定,见表2-4-1和表2-4-2。

表 2-4-1　大学男生身高标准体重评分表　　　　　（单位:千克）

身高段/厘米	营养不良 50分	较低体重 60分	正常体重 100分	超重 60分	肥胖 50分
165.0~165.9	<49.9	49.9~56.4	56.5~64.1	64.2~66.6	≥66.7
166.0~166.9	<50.4	50.4~56.9	57.0~64.6	64.7~67.0	≥67.1
167.0~167.9	<50.8	50.8~57.3	57.4~65.0	65.1~67.5	≥67.6
168.0~168.9	<51.1	51.1~57.7	57.8~65.5	65.6~68.1	≥68.2
169.0~169.9	<51.6	51.6~58.2	58.3~66.0	66.1~68.6	≥68.7
170.0~170.9	<52.1	52.1~58.7	58.8~66.5	66.6~69.1	≥69.2
171.0~171.9	<52.5	52.5~59.2	59.3~67.2	67.3~69.8	≥69.9
172.0~172.9	<53.0	53.0~59.8	59.9~67.8	67.9~70.4	≥70.5
173.0~173.9	<53.5	53.5~60.3	60.4~68.4	68.5~71.1	≥71.2
174.0~174.9	<53.8	53.8~61.0	61.1~69.3	69.4~72.0	≥72.1
175.0~175.9	<54.5	54.5~61.5	61.6~69.9	70.0~72.7	≥72.8
176.0~176.9	<55.3	55.3~62.2	62.3~70.9	71.0~73.8	≥73.9
177.0~177.9	<55.8	55.8~62.7	62.8~71.6	71.7~74.5	≥74.6
178.0~178.9	<56.2	56.2~63.3	63.4~72.3	72.4~75.3	≥75.4
179.0~179.9	<56.7	56.7~63.8	63.9~72.8	72.9~75.8	≥75.9
180.0~180.9	<57.1	57.1~64.3	64.4~73.5	73.6~76.5	≥76.6
181.0~181.9	<57.7	57.7~64.9	65.0~74.2	74.3~77.3	≥77.4
182.0~182.9	<58.2	58.2~65.6	65.7~74.9	75.0~77.8	≥77.9
183.0~183.9	<58.8	58.8~66.2	66.3~75.7	75.8~78.8	≥78.9
184.0~184.9	<59.3	59.3~66.8	66.9~76.3	76.4~79.4	≥79.5

表 2-4-2　大学女生身高标准体重评分表　　　　　（单位:千克）

身高段/厘米	营养不良 50分	较低体重 60分	正常体重 100分	超重 60分	肥胖 50分
155.0~155.9	<42.3	42.3~49.1	49.2~59.1	59.2~62.4	≥62.5
156.0~156.9	<42.9	42.9~49.7	49.8~59.7	59.8~63.0	≥63.1
157.0~157.9	<43.5	43.5~50.3	50.4~60.4	60.5~63.6	≥63.7
158.0~158.9	<44.0	44.0~50.8	50.9~61.2	61.3~64.5	≥64.6
159.0~159.9	<44.5	44.5~51.4	51.5~61.7	61.8~65.1	≥65.2
160.0~160.9	<45.0	45.0~52.1	52.2~62.3	62.4~65.6	≥65.7
161.0~161.9	<45.4	45.4~52.5	52.6~62.8	62.9~66.2	≥66.3
162.0~162.9	<45.9	45.9~53.1	53.2~63.4	63.5~66.8	≥66.9
163.0~163.9	<46.4	46.4~53.6	53.7~63.9	64.0~67.3	≥67.4
164.0~164.9	<46.8	46.8~54.2	54.3~64.5	64.6~67.9	≥68.0
165.0~165.9	<47.4	47.4~54.8	54.9~65.0	65.1~68.3	≥68.4

（续表）

身高段/厘米	营养不良 50 分	较低体重 60 分	正常体重 100 分	超　重 60 分	肥胖 50 分
166.0 ~ 166.9	<48.0	48.0 ~ 55.4	55.5 ~ 65.5	65.6 ~ 68.9	≥69.0
167.0 ~ 167.9	<48.5	48.5 ~ 56.0	56.1 ~ 66.2	66.3 ~ 69.5	≥69.6
168.0 ~ 168.9	<49.0	49.0 ~ 56.4	56.5 ~ 66.7	66.8 ~ 70.1	≥70.2
169.0 ~ 169.9	<49.4	49.4 ~ 56.8	56.9 ~ 67.3	67.4 ~ 70.7	≥70.8
170.0 ~ 170.9	<49.9	49.9 ~ 57.3	57.4 ~ 67.9	68.0 ~ 71.4	≥71.5
171.0 ~ 171.9	<50.2	50.2 ~ 57.8	57.9 ~ 68.5	68.6 ~ 72.1	≥72.2
172.0 ~ 172.9	<50.7	50.7 ~ 58.4	58.5 ~ 69.1	69.2 ~ 72.7	≥72.8
173.0 ~ 173.9	<50.9	51.0 ~ 58.8	58.5 ~ 69.6	69.7 ~ 73.1	≥73.2
174.0 ~ 174.9	<51.2	51.3 ~ 59.3	59.4 ~ 70.2	70.3 ~ 73.6	≥73.7
175.0 ~ 175.9	<51.8	51.9 ~ 59.9	60.0 ~ 70.8	70.9 ~ 74.4	≥74.5

（2）男性以股骨大转子为中心，上下身长相等；女性以肚脐为界，上下身比例为 5 : 8。

（3）男女两臂侧举时的长度等于身高。

（4）男女两肩的宽度约等于身高的四分之一。

（5）男女大腿长等于身高的四分之一（女子两腿长度加足高应大于身高的二分之一）。

（6）男子胸围约等于身高的二分之一加 5 厘米；女子胸围不小于身高的二分之一。

（7）男子腰围小于胸围 18 厘米；女子腰围不大于身高的二分之一。

（8）男子臀围等于胸围；女子臀围比胸围宽 2 ~ 3 厘米。

（9）男子大腿围约比胸围窄 22 厘米；女子大腿围比腰围窄 8 ~ 10 厘米。

（10）男子小腿围比大腿围少 18 厘米；女子小腿围比大腿围少 18 ~ 20 厘米。

（11）男子脚踝围比小腿围少 12 厘米；上臂围等于大腿围的二分之一；前臂围比上臂围少 5 厘米；颈围等于小腿围。

二、姿态美

（1）立姿：挺拔、亭亭玉立。要求双腿直立并拢，双肩平而放松，双臂自然下垂，挺胸收腹，夹臀、立腰、立背、立颈，下颌微收，双目平视。

（2）坐姿：端庄优美，温文尔雅，女子双膝并拢，男子双膝可稍分开，略窄于肩宽。要求腰背挺直、肩放松、挺胸，头部、脊柱与臀部成一直线，微收下颌，双眼平视前方。

（3）走姿：自然稳健，风度翩翩，以标准立姿为基础。走时头与躯干成一条直线，目视前方，步位正确，步伐基本一致，双臂自然摆动，重心平稳。

三、气质美

男性的气质美主要表现为阳刚气概，其主要特征为刚毅、顽强，善于自制；勇敢沉着，当机立断；胸襟开阔，豁达大度；粗犷豪放，待人诚恳；目光远大，勇于进取。

女性的气质美主要表现为阴柔之美,其主要特征为优雅、娴静、温和、柔顺、体贴、细腻、深情、宽容、纯真、善良等。聪慧、机智是男女共有的气质美的核心。

第五节　服务行业从业人员形体美的职业要求

作为服务行业的窗口,服务行业从业人员的行为举止直接影响顾客对服务质量的评价,进而影响企业的经营和行业的发展。因此,一个优秀的服务行业从业人员除应具备良好的业务素质、服务意识和服务态度外,也应具备优美的形体仪态。每个服务行业对于本行业的从业人员的形体仪态要求不尽相同。

一、空中乘务从业人员形体美的职业要求

1. 形象素质

人们将与他人第一次见面时留下的印象叫作"首因效应",又称"第一印象"。空中乘务从业人员(以下简称"空乘人员")的形象素质为乘坐民航飞机的国内外乘客留下的第一印象,在某种程度上体现了一个国家、一个民族的整体风貌,同时也代表了航空公司的形象。空乘人员应当具备良好的形象素质,做好航空公司的代言人。

2. 身体素质

受工作环境的影响,空乘人员需要长时间地经受飞机上的颠簸,对身体素质的要求非常高。因此,作为一名空中乘务员,只有坚持锻炼身体,提高身体机能,才能在工作中更好地为乘客提供优质的服务。

3. 技能素质

空乘人员应当拥有良好的民航空乘服务技能与技巧,注重体现服务的质量性、规范性、针对性和安全性的特点,更好地为乘客提供优质的服务。

4. 自身修养

空乘人员首先应注意仪表的整洁、端庄;其次应讲礼貌、举止稳重、行为文雅;最后应谈吐风趣、有分寸。

5. 空乘人员的形体标准

空乘人员应五官端正,肤色好;着夏装时,暴露部位无明显疤痕和色素异常;形体匀称;步态自如;动作协调;不是"O 形腿"或"X 形腿";男生身高为 175 ~ 182 厘米,女生身高为 162 ~ 172 厘米;具有较好的语言表达能力;口齿清晰、嗓音圆润,声音不干、不涩、不哑、不弱等。

二、其他服务行业从业人员形体美的职业要求

由于在服务过程中服务人员是客户直接的审美对象,这就要求服务行业从业人员在自己的工作中,从里到外都应按照形体美的标准要求自己,全力塑造自己的独特形象,充分展示其职业风采,满足客户的审美需要。其形体美的职业要求如下。

(1)注重形体、服饰、发型、化妆,给客户以美的形象。

服务行业从业人员应具有健美的形体,爱美之心人皆有之,具有形体美的人在工作中一亮相,常常能引起人们的关注。服饰美与发型、化妆都是外在形象美的重要组成要素,

它可以反映一个人的品位和审美情趣,也能在一定程度上弥补形体美的不足。

(2)注意言谈举止,给客人以美的示范。

服务行业从业人员在为客户服务时,大部分时间都是在运动中度过的,因此步态很重要,步态的动作性强,比站姿和坐姿更难把握,同时也更具审美价值。因此,服务行业从业人员要用自己的言行为客户做出文明优雅的示范。

(3)以善良和真诚对待每一位客户,带给客户美的感受。

如果服务行业从业人员拥有健美靓丽的形体、文明优雅的行为和真诚善良的心灵,自然会为客户展示良好的企业形象。服务行业从业人员的独特形象的展示,既满足了客户的审美需要,又为服务行业从业人员各项工作的开展奠定了良好的基础。

学 法 指 导

1. 学习要点:通过对形体美基本知识的掌握,了解自身的形体基础,掌握服务行业从业人员形体美的职业要求。

2. 延伸学习:通过学习形体美标准的对照表及测量方法,以及服务行业从业人员形体美的职业要求,测试自身形体是否符合标准,根据结果进行适宜的形体训练。

思考与练习

1. 怎样理解形体美?
2. 形体美的基本要素是什么?
3. 根据所学内容计算自己的标准体重,对照实际体重设计形体训练计划。
4. 怎样让自己符合服务行业从业人员形体的审美要求?

第三章　形体训练的保证体系

学习提示

　　肌肉是塑造美的形体的主要因素。通过形体训练,可以使人体肌肉参与人体活动,使肌肉周围的毛细血管数量增加,促进肌肉所需营养的供应和新陈代谢活动,从而为全面发展人体的肌肉系统,塑造线条明显的健美形体打下基础。但是,没有科学的训练方法是不能达到理想效果的。因此在形体训练的各项练习中,应掌握一定的训练方法和要求,掌握造成运动损伤的原因和紧急处理手段,学会在训练中自我监督的方法。

第一节　形体训练的原则

一、全面性原则

　　1. 全面性原则的含义

　　全面性原则是指形体训练中要采用各种手段和方法,使身体各部位的各种机能、能力都得到全面、协调的发展。

　　2. 全面性原则的要求

　　(1) 要正确认识全面性原则在形体训练中的重要意义,认识局部和整体的关系,并贯彻到形体训练的过程中。

　　(2) 要使身体各部位的肌肉得到全面发展,必须在训练中注意上下肢的练习、躯干部位的练习及各自形体中有缺陷部位的练习。

　　(3) 要运用多种方法、内容和手段,使身体各部位都得到发展。每一种练习对身体的作用都有一定的局限性,而内容、手段的多样化,既可以保证形体训练的全面性,又可以提高练习者的积极性。

二、从实际出发原则

　　1. 从实际出发原则的含义

　　从实际出发原则,是指在形体训练中从自身的身体条件和客观实际出发,科学地选择练习的内容、方法,从而使形体训练更符合自己的实际情况,这样才能取得良好的效果。

2. 从实际出发原则的要求

(1)需要对自己有一个正确的认识,了解自己的实际情况,这样才能发挥自身优势,弥补自身不足。

(2)要拟定一个符合自己实际情况的目标,以便使自己在练习时目标明确,自觉刻苦地训练,尽快达到目标。

(3)选择自己喜爱的训练方法和手段,这样不仅可以提高练习效果,而且可以充分体验形体训练的乐趣。

(4)通过一段时间的形体训练,对自己身体的变化和运动机能的提高及时做出总结。

(5)形体训练的内容、方法、手段的运用要有针对性,针对自己的薄弱环节,有侧重地进行练习,这样练习的效果会更好。

三、循序渐进性原则

1. 循序渐进性原则的含义

循序渐进性原则是指在形体训练中,目标的制定、内容的选择、方法的运用、负荷大小的安排要由易到难、由浅入深地逐步提高。

2. 循序渐进性原则的要求

(1)目标的制定不宜过高,应是在一定时间的训练后能够达到和实现的,这样可以强化练习的动机,提高自信心。

(2)训练内容的选择、训练方法的运用和安排要合理。

(3)运动负荷也要由小到大、循序渐进、区别对待、因材施教。

四、不间断性原则

1. 不间断性原则的含义

不间断性是指要坚持多年的、系统的、持续不断的科学性训练。如果中断训练,那么在短时间内获得的技术能力和形体变化,将会逐渐消退。只有坚持长时间训练,才能保持已经提高的技能和已发生的良好的形体变化。

2. 不间断性原则的要求

(1)在选择练习的内容、方法和手段时,要考虑它们的内在联系和系统性,以保证内容、方法和手段的连贯性。

(2)形体训练贵在坚持,不是一朝一夕之事,它是人一生的追求和梦想。只有长年坚持不懈的训练,才能收到良好的效果。

第二节　形体训练中常见的运动损伤及其应急处理

一、形体训练中常见的运动损伤

(1)肌肉拉伤:由于肌肉的猛烈收缩或被动牵伸超过了肌肉本身所能承受的限度,从而引起的肌肉组织损伤。

（2）关节韧带拉伤:在间接外力作用下,关节发生超范围的活动而引起的关节韧带损伤。

（3）软组织损伤:软组织损伤可分为开放性软组织损伤和闭合性软组织损伤两类,前者包括擦伤、刺伤和切伤等;后者包括挫伤和肌肉拉伤等。

二、造成运动损伤的直接原因

1. 思想上不够重视

（1）对预防运动损伤的意义认识不足。

（2）心理素质不高,运动中存在急躁或畏难心理。

2. 运动水平不够

（1）机体的运动能力不能满足运动的要求（身体素质差）。

（2）专项技术水平不高（技术动作有缺点或错误）。

3. 运动负荷安排过大

（1）局部运动负荷长期过大。

（2）一次运动量过大或连续超负荷训练。

4. 缺乏合理的准备活动

（1）不做准备活动或准备活动做得不充分。

（2）准备活动的量过大。

（3）准备活动的内容与运动的内容结合得不当。

（4）准备活动与正式运动的时间间隔过长。

5. 身体功能状态不良

（1）睡眠或休息不好。

（2）患病或伤病初愈。

（3）过度疲劳。

三、运动损伤后的应急处理

1. 擦伤

通常,在训练时,因摔倒或皮肤受器械摩擦易导致擦伤。擦伤后皮肤出血或组织液渗出。小面积擦伤,用红药水涂抹伤口即可;大面积擦伤,先用生理盐水洗净后涂抹红药水,再用消毒纱布覆盖包扎。

2. 肌肉撕裂

通常,在剧烈运动时突然受到强烈撞击易造成肌肉撕裂。常见的有眉际撕裂、跟肌撕裂等。轻度开放型肌肉撕裂,用红药水涂抹即可;裂口大时,则需止血和缝合,必要时,应注射破伤风抗毒素。

3. 肌肉拉伤

在外力作用下,肌肉猛烈收缩或被动牵伸超过了肌肉本身所能承受的限度,容易引起肌肉拉伤。这种损伤多数是因准备活动不充分,或者动作不协调,又或者用力过猛造成的。致伤后,轻者应即刻冷敷,局部加压、包扎,并抬高患肢,24小时后可进行按摩;严重者,若肌肉完全撕裂,则经加压后,应立即送医院手术治疗。

4. 急性腰伤

训练时因腰部受力过重,肌肉猛烈收缩,或者脊椎运动强度超过正常生理承受范围易造成急性腰伤。轻度损伤时,可轻轻揉按。对于重症者,应立即让患者平卧,并用担架抬送至医院治疗,处理后,应睡硬板床或腰后垫一个枕头,使肌肉、韧带处于放松状态,24 小时后可进行按摩。

第三节　形体训练的自我监督

一、训练前的身体检查和自我评价

每个人的身体状况各异,因而对运动负荷的适应能力也有所不同。在形体训练的过程中,一方面应避免运动负荷过大而造成身体不适应,另一方面也应注意运动负荷过小而达不到训练效果。因此,每位练习者都应掌握判断运动负荷是否适度的方法,以便及时加以调整。

二、训练前的准备活动与训练后的整理活动

（1）参加形体训练时每次 1.5~2 小时,每周训练两次以上。

（2）参加形体训练时要有恰当的生理和心理负荷量,准备活动要安排得轻松自如,由弱到强适度地训练,一般以 10~15 分钟为宜,使训练时的最大心率保持在最大运动强度的 70%~80% 最为合适。

（3）训练前,应充分做好准备活动,特别要充分活动上下肢,且训练结束后的放松活动必不可少。

（4）避免饱餐或空腹时训练,一般在饭后 2~4 小时内训练为宜。训练前 2 小时内禁止吸烟、饮酒。

（5）进行器械训练时,要预防与器械接触部位的身体擦伤。

（6）使用器械训练时,应掌握正确的姿势,动作要有节奏,用力得当,否则会对肌肉、骨骼造成不良影响。

（7）要定期进行身体检查,按照医生意见严格执行,以确保安全。

（8）根据自身的实际情况,控制好运动量和运动强度,并安排好训练计划。

三、形体训练的运动强度和负荷控制

形体训练应以有氧运动为主,中等运动强度为宜。脉搏能反映运动负荷的大小及身体机能的状况。训练前应测出安静时的脉搏频率,并记录下来;训练结束后,迅速测出脉搏频率,再与安静时的脉搏频率对照。一般脉搏频率要求如下。

（1）小强度训练后的脉搏频率为 120 次/分钟以下。

（2）中强度训练后的脉搏频率为 120~150 次/分钟。

（3）大强度训练后的脉搏频率为 151~180 次/分钟。

如果训练后较长时间脉搏频率不能恢复到安静时的脉搏频率,或者经过一个阶段的

训练,安静时的脉搏频率反而增加,则说明运动负荷过大,机体反应不良。

四、注重合理的饮食搭配与睡眠

营养是维持人体正常功能和健康的物质基础。营养状况的好坏直接影响人体的健康。参加训练后,只有及时补充必需的营养物质,才能保证人体健康和正常的活动能力。在物质资源比较丰富、科技水平日益提高的今天,怎样吃得更科学或更有益于健康,这是当前人们关注的话题。有人将当前人们在饮食方面的特点,概括为"吃杂""吃粗""吃野"和"吃素"。从营养学角度来看,将这四大特点合理搭配,可能更符合人们对各种营养的需求,切忌偏食、厌食。

休息是消除疲劳,使身心得到放松调整,迅速恢复精力的重要措施。休息的方法有很多种,除睡眠外,还包括听音乐、看电视或进行适度的娱乐活动等。多方面实验证明,睡眠对于精力的恢复比饮食更重要。因为运动时所消耗的精力可以在睡眠中得到补偿和修复,同时,神经系统和内脏器官也可以得到调整。因此,给自己制定一个兼顾学习、锻炼、休息的合理作息时间表尤为重要。

五、形体训练动作与呼吸的协调配合

在用力或肢体伸展时用鼻子深深地吸气,在运动还原或肌肉放松时用口腔充分地呼气。吸气和呼气要深,并且要使呼吸节奏与运动节奏相协调。一般正常呼吸频率为 12～18 次/分钟。如果锻炼后 10 分钟内呼吸频率还未恢复到正常值,则说明运动负荷过大。

六、自我感觉

(1)训练后的心情。训练后,如果感觉良好,精力充沛,心情愉快,渴望继续训练,则说明运动负荷适宜;如果浑身无力,精神萎靡,情绪不稳定,对训练失去兴趣,甚至厌倦,则说明运动负荷过大,此时应注意减小运动量。

(2)训练后的食欲。训练后,如果食欲良好,则说明运动负荷适宜;如果食欲减退,甚至厌食,则为疲劳过度,此时需要减少运动负荷;如果训练前后食欲无变化,则可能是运动负荷偏小,此时需要适当增加运动量。

(3)训练后的睡眠。如果运动负荷适宜则会入睡快、梦少、睡得沉稳,起床后精力充沛;如果运动负荷过大则会失眠、多梦、屡醒,晨起后仍感困乏。

(4)其他不良感觉。运动负荷过大,则会伴有头疼、头晕、恶心、气喘、上腹部疼痛等症状,以及出现脸色苍白、四肢无力、肌肉酸疼等情况。只要及时调整运动负荷、适当休息,这些症状及不良感觉将会很快消失。

七、自我监督的方法

每周一次,在相同时间、相同条件下,运用同一测量方法进行体重及身体各部位围度测量,并记录数据,与上一次测量的数据相对照,以此检查身体变化的情况,进而调整运动负荷或训练方案。

学法指导

1. 学习要点：形体训练的原则。
2. 延伸学习：了解目前身体各系统机能所处水平，为制订形体训练计划提供依据。

思考与练习

怎样避免在形体训练中受伤？

第四章　健康与肥胖

学习提示

自古至今,健康都是人们关心的话题,并被视为人生的第一需要。

通过本章的学习,可以了解健康与肥胖的概念和判断标准,掌握运动减肥的有关知识。

第一节　健康概述

一、健康的概念

1948 年,世界卫生组织(WHO)提出了全新的健康概念,即"健康不仅是没有疾病或不虚弱,而且还是身体的、心理的和社会的完美状态"。1989 年世界卫生组织对健康进行了新的定义,即"健康不仅是没有疾病,而且还包括躯体健康、心理健康、社会适应良好和道德健康"。这就说明,随着社会的发展,过去那种"无病即健康"的传统的健康理念日渐为人们所抛弃,一种新的健康理念应运而生。

现代健康理念揭示了人体的整体性,以及人体与自然环境和社会环境的统一,强调人体必须适应社会环境和自然环境,且在适应过程中应处于主动地位,由被动的治疗疾病转变为积极地促进健康,从单纯的生物学标准扩展到心理、社会学标准,从个体健康评价延伸到群体乃至整个社会的健康评价。也就是说,既考虑人的自然属性,又侧重人的社会属性;既重视健康对人的价值,又强调人对健康的作用。

1. 生理健康

生理健康是人体健康的基础,是指人在生物学方面的健康,即机体的完整和各器官系统功能的正常,包括力量、速度、耐力、柔韧性、灵敏性、平衡能力等身体素质良好。

2. 心理健康

WHO 提出的心理健康标准有:(1)具有健康心理的人,其人格完整、自我感觉良好、情绪稳定,且积极情绪多于消极情绪;有较好的自我控制能力,能保持心理平衡;自尊、自爱、自信,有自知之明;(2)能够独处,有充分的安全感,能保持正常人际关系,能受到他人的欢迎和信任;(3)对未来有明确的生活目标,有理想,有事业追求,能踏实工作、不断进取。

世界精神卫生学会提出的心理健康标准是:(1)身体协调、情绪稳定;(2)适应环境,在人际关系上能谦让、容忍;(3)有幸福感;(4)工作中能充分发挥自己的能力、生活规律、正常。

心理学专家提出的心理健康标准可以归纳为以下六条。

(1)认知功能正常,能正确评价自己、正视自己的现实,不妄想妄为。

(2)生活态度积极,热爱生活,热爱自然,能适度控制情绪。

(3)生活目标和理想切合实际,对工作、社会有一定责任心,但不为物欲所累。

(4)保持个性完整,意志品质健全,能不断完善自我。

(5)能处理好人际关系,社会适应能力强,能自立,重友谊、讲民主。

(6)从事社会工作时有一定创造性。

专家认为,心理健康是人体健康的关键。世界各国都在调查长寿老人的长寿秘诀,通过调查发现,他们的共同特征是心胸开阔、性格随和、心地善良、情绪乐观。因此,心理健康对人体健康来说至关重要。

3. 适应社会与适应自然

社会和自然是人们生活的大环境,直接影响人们的生存状态。只有社会安定和平,政府能为人民的健康着想,人民生活的基本条件可以得到满足,人们适应社会与环境变化的能力强,人们的健康才能有保障。

一个健康的人,应该处理好三个方面的问题:一是担当起家庭和社会的责任;二是处理好工作中和生活中出现的问题;三是解决好自身的矛盾和难事。

4. 智力健康

智力健康是指一个人的智商和智力都达到应有的水平。一个智力健康的人,应该是见识广博的人,而不是愚昧无知的人。

5. 道德健康

20世纪90年代,WHO在健康标准中增加了"道德健康"的内容,这是人类对健康理念认识的一个进步。

《现代汉语词典》对道德一词的诠释是:"道德是社会意识形态之一,是人们共同生活及其行为的准则和规范。道德通过人们的自律或通过一定的舆论对社会生活起约束作用。"

从宏观上分析道德与健康的关系:人们要健康生活,就必须有一个安定的社会环境;法律是维护社会稳定的最起码的保证;要使国家长治久安,还必须教育人们自觉遵守社会秩序,这就是良好的道德。良好的道德为人们的健康创造了安定的社会环境。

从微观上分析道德与健康的关系:研究表明,世界各地百岁以上的老人,他们的居住地点、气候、饮食起居习惯各不相同,但他们的共同之处就是都能善待他人、善待自己,且人际关系良好。

心理学家的研究表明,人的道德品质低劣会损害健康。道德品质低劣的人往往利欲熏心,遇事斤斤计较,总想算计别人,怕别人报复,终日不得安宁,常处在一种紧张、愤怒和沮丧的情绪之中。这种不良情绪,会使人身体的机能功能失调,免疫能力下降,容易患各种疾病。可见,良好的道德是增进社会安定、有益健康的重要因素。

二、健康的标准

根据健康的概念,WHO 制定了人体健康的标准,即"五快"(躯体健康)和"三良好"(心理健康)。

"五快"的含义如下。

(1) 吃得快:进餐时,有良好的食欲,不挑剔食物,并能很快地吃完一顿饭。

(2) 排得快:一旦有便意,就能很快排泄完大小便,而且感觉良好。

(3) 睡得快:有睡意时,上床后能很快入睡,且睡得好,醒后头脑清醒,精神饱满。

(4) 说得快:思维敏捷,口齿伶俐。

(5) 走得快:行走自如,步履轻盈。

"三良好"的含义如下。

(1) 个性人格良好:情绪稳定,性格温和,意志坚强,感情丰富,胸怀坦荡,豁达乐观。

(2) 处世能力良好:观察问题客观、现实,具有较好的自控能力,能适应复杂的社会环境。

(3) 人际关系良好:助人为乐,与人为善,与人交往充满热情。

近年来,WHO 在关于健康的定义下,又增加了一些衡量人体健康的具体标准,以下列举其中一部分标准。

(1) 精力充沛,能从容不迫地应付日常生活和工作的压力而不感到过分紧张。

(2) 处事乐观,态度积极,乐于承担责任,事无巨细,不挑剔。

(3) 善于休息,睡眠良好。

(4) 应变能力强,能适应环境的各种变化。

(5) 能抵抗一般性感冒和传染病。

(6) 体重得当,身材发育匀称,站立时,头、肩、臂的位置协调。

(7) 眼睛明亮,反应敏捷,眼睑不发炎。

(8) 牙齿清洁、无龋齿、不疼痛,牙龈颜色正常,无出血现象。

(9) 头发有光泽,无头屑。

(10) 肌肉丰满,皮肤有弹性。

三、影响健康的主要因素

随着人类社会的发展和科学技术的日新月异,人类的物质生活水平日益提高,工作强度大幅度降低,运动也越来越少。新的生活方式在给人类生活带来更多便利的同时也使人类的健康面临着各种挑战。现在普遍认为,影响人类健康的因素分为四大类,分别是行为和生活方式、环境、生物学和卫生与医疗服务。

1. 行为和生活方式因素

行为和生活方式因素是指因自身不良行为和生活方式,直接或间接给健康带来的不利影响。在当今文明社会中,不健康的生活方式可能导致许多疾病。

2. 环境因素

健康不仅指身体和精神的健康,更应强调人体与自然环境和社会环境的和谐发展,强调人类发展和环境可持续发展的不可分割性。

影响健康的环境因素主要包括自然环境因素和社会环境因素：自然环境因素指阳光、空气、水、绿化等生态环境和市容卫生环境；社会环境因素更为复杂，包括社会经济、科学、文化、风俗、教育、治安、住房等。安定富庶的社会、文明的社会习俗、良好的教育、舒适的居住条件等无疑对健康起着良好的促进作用。

此外，人际关系也是非常重要的，和谐的人际关系、美好的家庭环境、融洽的工作学习环境等均与人体健康息息相关。

3. 生物学因素

在生物学因素中，需要特别指出的是遗传因素和心理因素。遗传性疾病不仅影响个体，而且会给社会、家庭带来极大的危害。医学心理学研究证明，许多疾病的发生及发展都与心理作用有着密切关系，积极的心理状态是保持健康的必要条件。

4. 卫生与医疗服务因素

卫生与医疗服务因素指社会有良好的医疗服务和卫生保障体系，有必需的药物和疫苗可供供应，有充足的医疗卫生人员等。

四、促进健康的基本要素

人人都想拥有健康的身体，希望青春长驻、生活充满乐趣。在维持和促进健康的行为中，有五个最基本的要素。

（1）要自觉、经常地参加体育运动，尤其是有氧运动。

（2）要科学、合理地摄入营养。

（3）要有健全的心理。

（4）要建立良好的生活方式。

（5）要定期参加体检，及早发现、诊断和治疗各种疾病，使身体尽早摆脱疾病的困扰，恢复健康和活力。

第二节　肥　胖　概　述

一、肥胖的概念

很多人认为，肥胖只不过是体重超标、脂肪过多，但事实并非如此。人们常常看到的多是肥胖者一副体态臃肿的表象，而对于肥胖给身体内部带来的那些看不到的损害并不完全了解。

从诱发肥胖的各种因素来看，肥胖实质上是人体由于各种原因导致热量的摄入超过热量的消耗，多余热量便转化为脂肪囤积于体内，使体内脂肪细胞增殖（对儿童而言）或体积增大（对成年人而言），进而导致体重超标，影响形体美观和身体健康。

WHO 认为：肥胖是人体过剩的热量转化为多余脂肪并积聚在体内的一种状态。人体脂肪堆积过多，超出正常比例,会使人的健康、形体和正常生活受到影响。因此,肥胖是因脂肪过多造成的一种慢性疾病。WHO 已把肥胖列为十大健康风险之一。

二、造成肥胖的原因

(1) 遗传。研究表明,单纯性的肥胖是具有遗传倾向的。在对各类家庭统计后发现,肥胖具有一定的家族聚集性,如双亲均肥胖者,子女中有 70% ~ 80% 表现为肥胖。

(2) 内分泌失调。肥胖与内分泌功能密切相关,内分泌失调往往伴有继发性肥胖症,如体内胰岛素分泌增多、垂体前叶功能低下、甲状腺功能减退、性腺功能减退等。脑炎、脑外伤、脑肿瘤或长期注射某种激素,也常引起继发性肥胖。

(3) 饮食。人们的饮食习惯及饮食质量对肥胖的发生也有一定的影响。追求高糖、高脂肪、高蛋白饮食,特别是过多地摄入动物内脏和动物脂肪,以及好吃零食、经常大量饮啤酒等,都容易引起肥胖。

(4) 精神因素。心情好、休息好、无忧无虑的人,常常食欲良好,吃得香、吃得多,有可能引起肥胖。

(5) 运动少。现代社会由于人们运动少,且体力活动也大为减少,使得人体能量的供给超过了需要,常会引起肥胖。一些曾经的重体力劳动者由于工种更换,成为轻体力劳动者,或者运动员终止其从事的体育运动,在这种情况下,如不相应地调整饮食,就会造成营养过剩、体内脂肪堆积,从而造成肥胖。

(6) 生理因素。男子到了中年以后和女性到了绝经期后,由于各种生理功能减退、体力活动减少,而饮食未相应减量,也容易造成体内脂肪的堆积从而发胖。一些妇女在妊娠、哺乳期间营养较好,产后又未能及时进行身体锻炼,也会造成肥胖。

(7) 环境。在寒冷的环境里为御寒而大量进食,也会造成肥胖。一些人所处的工作环境与食物接触机会较多,因而有更多的进食及品尝各种食物的机会,也容易发生肥胖,如厨师。

三、衡量肥胖标准的方法

衡量肥胖标准的方法主要有以下几种。

1. 体重指数(BMI)法

体重指数法是通过计算人体身高与体重之间的比值大小来判断是否肥胖的一种方法。同时,专家提出了判断体重过重和肥胖的国际标准——体重指数(Body Mass Index,BMI),即

体重指数(BMI)= 体重(千克)÷身高^2(米)

根据这一标准,BMI≥25.0 属体重过(超)重;BMI 范围为 25.0 ~ 29.9 为预胖(临界)型肥胖;BMI≥30.0 为肥胖。

肥胖又分为三个级别:BMI 范围为 30.0 ~ 34.9 称为 I 级肥胖;BMI 范围为 35.0 ~ 39.9 称为 II 级肥胖;BMI≥40.0 为 III 级肥胖。

需要强调的是:BMI 适用于体格发育基本稳定以后(18 岁以上)的成年人。

例如,某成年男子体重为 85 千克,身高为 1.70 米,那么其体重指数 BMI = 85÷(1.70)^2 ≈ 29.4。根据体重指数可知,该成年男子身体属于预胖型肥胖。

再如,某成年女子体重为 80 千克,身高为 1.60 米,那么其体重指数 BMI = 80 ÷ $(1.60)^2$ = 80 ÷ 2.56 = 31.25,根据体重指数可知,该成年女子身体属于 I 级肥胖。

由于不同国家和地区人群的体质并不完全相同,一些国家又根据自己国家的人群的特点,在流行病学调查的基础上提出了适合本国人群的体重指数分类标准。2003 年,国际生命科学学会中国办事处中国肥胖问题工作组,根据 1990 年以来我国 13 项大规模的流行病学调查结果,分析总计约 24 万成人的健康数据,提出了我国成人超重和肥胖的体重指数标准:BMI 范围为 18.5 ~ 23.9 属于正常;BMI 范围为 24.0 ~ 27.9 属于过重;BMI ≥ 28.0 属于肥胖。

通常情况下,BMI 能够反映出身体的肥胖程度,但值得注意的是,在某些特殊群体中应用 BMI 时存在一定的局限性。例如,肌肉很发达的运动员用 BMI 标准衡量可能属于肥胖,但实际上并不肥胖;而对于处在衰老时期的老年人而言,由于他们的肌肉组织不断减少,脂肪组织不断增加,因此即使他们的 BMI 在正常范围内,也有可能属于肥胖。所以,这样的特殊群体不能单纯依靠 BMI 来确定他们的肥胖程度,选择测定身体脂肪含量的方法会更为准确。

2. 简易计算法

男性成年人标准体重(千克)= [身高(厘米)−80]×0.7

女性成年人标准体重(千克)= [身高(厘米)−70]×0.6

简易计算方法基本已被广泛采用,自身体重与标准体重的差距在 ±10% 属于正常范围,差距在 ±20% ~ ±39% 属轻度肥胖,超过 100% 属重度肥胖。

3. 精确计算法

我国军事科学院推出了一种计算中国人理想体重的比较精确的计算方法。

北方地区成年人理想体重(千克)= [身高(厘米)−150]×0.6+50

南方地区成年人理想体重(千克)= [身高(厘米)−150]×0.6+48

由于人的体重与许多因素有关,不同人体之间有差异,在同一天不同的时间也会有一定的变化,加之所处地理位置(如地心引力的原因)、季节、气候不同,对体重也有一定影响,因而很难完全符合标准体重。也就是说,难以用一个恒定值来表示,而应当是一个数值范围,我们把这个数值范围称为正常值,一般是在标准体重 ±10% 以内的范围。超过这一范围,就可称为异常体重。

第三节 运动减肥

一、运动减肥的原理与作用

(1) 运动时肌肉需要消耗大量的热量,这时体内多余的糖在没有转变为脂肪时就被消耗了,从而减少了脂肪形成的机会。同时,运动动员了大量脂肪的脂解功能,从而减少了体内脂肪细胞的体积和数量,而大量脂肪酸在体内氧化分解的条件是有充足的氧供应,以及脂肪酸氧化系列酶有足够的活性。可见,有氧运动是运动减肥的基础。

(2) 长期进行有氧耐力运动,可以导致慢肌纤维发生适应性肥大,骨骼肌毛细血管增多,毛细血管网加大,毛细血管内皮细胞表面积扩大,激活存在于内皮细胞上的脂蛋白脂肪酶系统,从而使肌肉动用脂肪作为能源的能力得以提高,最终使体脂减少。运动本身不仅消耗能量,而且影响安静代谢率及食物的特殊动力作用,使能量消耗增加。1小时的步行、跑步或游泳的能量消耗是静坐的几倍到几十倍。有资料显示,基础代谢率降低是导致肥胖的危险因素,而长期规律的运动可以提高肥胖者的安静代谢率。运动还可通过调节机体能量平衡使身体发生变化,改变体脂分布,减少腰腹部脂肪,从而降低引发各种疾病的风险。

(3)正常人的体重之所以能保持相对稳定,主要是神经内分泌系统对新陈代谢进行合理调节的缘故。肥胖者进行一定量的运动,能很好地调整神经内分泌系统,恢复它对新陈代谢的正常调节作用,使之分泌促进脂肪消耗的激素,这样就促进了脂肪的代谢,从而可以减轻肥胖程度。

(4)运动对肥胖者的另一个重要的作用是改善心肌代谢,加强心肌收缩力,增加血管弹性,促进血液循环。有资料表明,锻炼3个月后,肥胖者的心脏功能明显增强,基本可以达到正常人的水平,而且脉搏饱满有力;五分之一的肥胖者血压降低,达到正常水平;相当一部分人气喘、心跳过速等症状消失或明显减轻。

(5)运动可以降低血脂,使血液中胆固醇及三酰甘油浓度降低,减少内脏器官脂肪沉积。

(6)运动对改善肥胖者的呼吸系统也有良好作用。运动可增强呼吸肌力量,增加胸廓活动范围及肺活量,改善肺的通气、换气功能,使气体交换加快,有利于氧化分解多余脂肪。

(7)运动还可以改善肥胖者腹腔脏器功能,增加胃肠蠕动及血液循环,减少常见的腹胀肠鼓、便秘等并发症。运动可使肥胖者感到心情轻松、愉快,能增强自信心,有助于培养良好的、有规律的生活习惯。

二、运动减肥的最佳速度

绝大多数减肥者都希望体重下降得越快越好、越多越佳,最好"一天减成个瘦子"。但这样往往收效甚微,欲速则不达,甚至会危害身体、危及生命。事实上,减肥的效果和安全性有密切的关系。一般而言,机体丢失的体重里脂肪占75%、肌肉占25%。而脂肪组织中水占50%,肌肉组织中水占75%,所以减去1千克体重丢失的脂肪实际上只有0.375千克,丢失的肌肉蛋白质为0.0625千克,水的丢失量为0.5625千克。减体重的速度越快,脂肪丢失的比例越低,水和肌肉蛋白质的比例就越大,这对人体的健康是不利的。

WHO规定,健康的减肥应该遵循"不腹泻、不厌食、不乏力,每周减肥的重量控制在0.5千克的范围以内"的标准。否则,减去的不是脂肪而是体内宝贵的水分。

肥胖是多年脂肪累积的结果,要恢复良好的体形就需要很长时间,不能急于求成,要循序渐进。

减肥的最佳速度和效果因人而异,减肥过程一般可表现为三种类型:体重平稳下降,每周或每月减少0.5~1千克;减肥的前1~2个月体重无明显变化,之后才开始下降,而且速度较快;体重最初下降很快,甚至每周达 1 ~ 2 千克,然后停止下降数周甚至数月,接着体重又逐渐下降。

显然,第一种类型比较平稳而且顺利,不会发生太多的危险。一般而言,采用节食或运动的方法减肥时,开始时体重下降速度较快,这主要是肌肉蛋白和水分丢失较多。随着减肥的继续,机体对此种减肥方法逐渐适应之后,负氮平衡就会缩小,尤其在膳食中有足够优质蛋白供应时,能量负差将与体脂的消耗相关,减重主要就是减脂肪了,此时减肥的速度减慢。这一时期,如再适当增加运动量,1 ~ 3 个月后,虽然体内脂肪分解增加,但又增加了肌肉蛋白的合成,以致体重无明显变化。再坚持下去,开始消耗脂肪组织,体重又开始下降。

按照科学的观点,每周减体重 1 千克就可以说是成功了。那些急于求成的节食者总觉得 1 千克太少,其结果是减体重的速度越快,体重反弹的机会越多。因此他们不能持之以恒地减体重。

三、运动减肥与形体健身的常见误区

在日常生活中,参加形体训练的人总是抱怨运动健身达不到自己想要达到的效果,因此失去信心而中断练习,其实这与健身者在健身过程中的错误观念有关。下面我们通过分析目前健身美体的常见误区来澄清错误观念。

误区一 有氧运动比力量训练在控制体脂方面效果更好。

有氧运动与力量训练结合进行是将体脂控制在理想水平的最好方法。许多人出于以下两点理由,错误地以为单独进行有氧锻炼对控制和减少体脂最有效。

(1) 有氧运动首先消耗的是脂肪,而力量训练消耗的是储存在体内的糖。

(2) 在设定的心率范围之内,45 分钟的有氧运动要比同样时间的力量训练消耗更多的热量。同时,在完成一组力量训练后要进行休息,所以消耗的热量要少得多。

确实,在有氧运动过程中,身体把储存在体内的脂肪当作燃料来消耗,但同时被消耗的还有体内的糖原。研究显示,在强度适中的有氧运动的前 20 分钟(达到最大脉搏频率的 65%),身体消耗的大多是糖原。不错,45 分钟的有氧运动比相同时间的力量训练消耗的热量要多(强度相同)。那些增加了肌肉总量的人,由于其休息状态的新陈代谢得以提高,所以即便是在休息,机体所消耗的热量也相应大大增加。

实践表明,每增加 0.5 千克的肌肉,意味着身体每天多消耗 50 ~ 100 千卡热量。

有氧运动能达到消耗热量的目的,但却不能长时间地提高新陈代谢。力量训练虽不能明显消耗热量,但它却增加了肌肉总量,从而使新陈代谢得到提高,使人在休息时也能消耗更多的热量。这就是有氧运动与力量训练结合进行才是最佳减肥方法的原因。

误区二 有氧运动越多越好。

一件好事做过头可能会变成坏事,有氧运动也是如此。虽然有氧运动不失为一种有效消耗脂肪的方法,但长时间的有氧运动消耗的不仅仅是脂肪,还包括肌肉。研究发现,2 小时中量的有氧运动可耗尽体内 90% 的白氨酸(对肌肉生长非常重要的一种氨基酸)。通常情况下,正常的白氨酸水平可防止因锻炼过度而引起的肌肉分解。

国际健身会的职业健美运动员乔·卡特勒说:"当我在一天当中有氧运动超过 1 小时时,我的力量就会下降,肌肉萎缩,即使摄入许多蛋白质也无济于事。我感觉有氧运动

40～45分钟就是我的警戒线,超出这个时间,我的肌肉便会流失。"

误区三　低强度的有氧运动消耗更多的脂肪。

减脂的原理在于每天消耗的热量多于吸收的热量,较高强度的训练比低强度的训练能消耗更多的热量。

运动生理学家发现,运动量达到最大脉搏频率的60%时,身体消耗的脂肪比糖或蛋白质要多。但如果运动强度再大一些,即达最大脉搏频率的75%以上时,身体就会直接将脂肪、糖、蛋白质作为能量来源。也就是说,练得越辛苦,消耗的热量越多。但作为初练者,应遵循循序渐进的原则,逐渐增加运动量,这样才能有效提高心肺功能,进而适应较大强度的运动量。

误区四　先做有氧运动,然后进行力量训练,才能够变苗条。

为了消耗更多的热量,有氧运动要有一定的强度,理想的方式是达到最大脉搏频率的70%以上。

使身体变苗条的最明智的办法是在短暂的热身后进行力量训练,然后做有氧运动。如果把有氧运动放在前,则体重可能不但没有减轻,反而会增加。

误区五　多做20分钟的有氧运动,把因多吃甜食而增加的热量消耗掉。

如果为了消耗掉因多吃甜食而增加的热量,偶尔延长有氧运动的时间不会有什么不好,但如果成为了习惯,结果只能有害无益。假如经常以延长锻炼时间作为过量饮食的借口,实际上已把自己置于过度训练的境地中了,而你的身体根本没有时间从过度训练的疲劳中恢复过来。

当机体不能适应训练时,要达到增肌减脂的目的是很困难的。因为过量训练可导致分解代谢激素的过多分泌,这种激素附着在肌肉上,使肌肉不能合成。所以经常在一餐中过量进食的人,应在下一次有氧运动中稍稍增加一点强度,或者减少下一餐的热量摄入。

误区六　去健身房进行有氧运动前,吃一顿健康餐,增加一点能量。

锻炼前吃什么、吃多少,要看饭后多长时间去锻炼,如果目标是减脂,那么最好在锻炼前3小时摄入营养均衡的一餐;如果想在有氧运动前1.5～2小时进餐,则应减少进餐量;如果在1小时之内就要进行有氧运动,则不要摄入碳水化合物。原因是,有氧运动10～20分钟后,身体慢慢地开始消耗脂肪,而身体能否有效地将脂肪当作消耗燃料,则取决于血液中葡萄糖的含量。显然,如果摄入的是高碳水化合物,那么血液中的葡萄糖水平就会很高,葡萄糖可延缓身体把脂肪当作燃料进行消耗的时间。

误区七　只要多运动,便可达到减肥的目的。

运动虽能消耗体内的热量,但仅靠运动减肥则效果并不明显。研究表明,即使每天打数小时网球,但只要多喝一两瓶碳酸饮料,辛辛苦苦的减肥效果便会化为乌有。因此,要想获得持久的减肥效果,除从事运动外,还应从饮食上进行合理调整。

误区八　空腹运动有损健康。

人们总担心空腹运动会因大量消耗体内储存的糖原而产生低血糖反应,如头晕、乏力、心慌等,对健康不利。美国达拉斯健美运动中心霍帕博士认为,饭前1～2小时(空腹)进行适度运动,如定量步行、跳舞、慢跑、骑自行车等有助于减肥。这是由于此时体内无新的脂肪酸进入脂肪细胞,较易消耗多余的、特别是产能的褐色脂肪,减肥效果优于饭后运动。另外,由于运动量适宜,热能消耗较少,体内储存的糖原足够使用,不会影响健康。

误区九　每次坚持30分钟慢跑即可减肥。

慢跑虽可达到有氧锻炼的目的,但减肥功效却甚微。实践证明,只有运动时间超过45分钟,人体内的脂肪才能被动员起来与糖原一起供能。随着时间的延长,脂肪供能的量可达总消耗量的85%。可是短于45分钟的运动无论强度大小,脂肪消耗均不明显。

误区十　运动强度越大、运动越剧烈,减肥效果越佳。

其实,只有持久的小强度有氧运动才能消耗多余的脂肪。这是由于小强度运动时,肌肉主要利用氧化脂肪酸获取能量,使脂肪消耗得快。运动强度增大,脂肪消耗的比例反而相应减少。当接近大强度运动时,脂肪供能比例只占15%。因此,轻松平缓、长时间的低强度运动或最大脉搏频率维持在100~120次/分的长时间运动,才有利于减肥。

误区十一　不吃肉就不长"肉"。

谈到饮食减肥时,常有人说:"不吃肉就可以不长肉了",这种说法是完全错误的。

首先,要搞清我们所说的肥胖赘肉是指体内脂肪,而不是指肌肉,减肥健身时要去掉多余的脂肪,增加结实、发达的肌肉。

其次,我们食物中的肉有两种,一种是肥肉,另一种是瘦肉。肥肉不是肉而是脂肪,瘦肉才是真正的肉,是蛋白质。蛋白质在体内转化为热量或脂肪的比例很小。

因此,减肥不是一概不吃肉,而是要适当吃瘦肉,少吃肥肉。如果将肥肉和瘦肉一概拒之门外,便会造成营养摄入不平衡,不利于健康长寿。况且不吃肉食,势必增加米面等糖类食物的食量,多余的糖很容易转化为脂肪,更会使人发胖。

误区十二　女性练力量就会如男人般强壮。

这种想法是错误的。因为男女的生理结构与体内机制存在着很大的差异,女性在力量的增长与肌肉块的形成上与男性是不可能相同的。女性健美运动员的夸张肌肉由多种特殊因素组成,其中包括先天的肌肉素质、超常的练习强度、严格的营养结构等。普通女性的力量练习多采用小重量、多次数的方式,器械上多采用哑铃或某些轻器械。这种练习方法对消耗脂肪、美化肌肉线条及增强肌肉韧度都有好处,最重要的是能使身体更有形。所以,尽管女性体内存在着少量的雄性激素,但也不必担心会练出男性般的肌肉。

学 法 指 导

1. 学习要点:健康的概念;健康的标准;衡量肥胖的方法;运动减肥与形体健身的误区。

2. 延伸学习:根据健康与肥胖的标准衡量自身健康与体形状况,制订健身塑形计划。

思考与练习

1. 怎样正确理解健康的概念?

2. 根据健康概念判断自己的健康状况。

3. 影响健康的因素有哪些?

阅读资料

测测你的发胖指数

是否发胖,关键看身体脂肪率。利用下面的测试题能推算出脂肪率大概是多少。

(1) 现在比18岁时的体重重了5千克以上。

(2) 吃饭快,一下子吃光餐盘中所有的东西。

(3) 体重没有变化,但肌肉却越来越松弛了。

(4) 总是吃个不停,包里总能找到零食。

(5) 爱吃油炸食品。

(6) 腰围÷臀围的值大于0.76。

(7) 即便是从一楼到二楼也得搭乘电梯。

(8) 总是不断减肥,又不断反弹。

结果:

A. 6个以上是肯定答案的,说明体内脂肪率在30%以上,体内已经囤积了多余的脂肪,若再不采取行动,就会越来越胖。体内脂肪率超过30%算作肥胖,不仅外表看起来臃肿,而且容易患各种疾病。危险指数:8。

B. 3~5个是肯定答案的,说明体内脂肪率为25%~30%。你看起来虽然不胖,但很结实。这说明你正在变胖,应尽快改变饮食方式与生活习惯,并开始做运动。危险指数:5。

C. 肯定答案在2个以下的,说明体内脂肪率在25%以下。虽然目前仍很苗条,但保持良好的饮食方式和生活习惯是保持良好身材的最佳途径。危险指数:2。

第五章 营养与运动饮食

学习提示

通过本章的学习,掌握营养学的基础知识、合理调节运动与膳食平衡。

第一节 营养学的基本概念

随着经济的发展和社会的进步,人们对食物营养与健康倍加关注,膳食结构也正从温饱型向营养型转变。营养是强健体魄的物质基础。随着生活水平的提高,营养状况的改善,人们的健康水平在不断提高。合理的营养是人类充分发挥其社会活动能力、智力和身体潜能的先决条件。营养学具有很强的科学性、社会性和易用性,是一门与国计民生关系密切的重要学科。

一、营养学

营养学是研究食物与机体的相互作用,以及食物营养成分(包括营养素、非营养素、抗营养素等)在机体里分布、运输、消化、代谢等方面的一门学科。营养学一般可以划分为膳食营养学、运动营养学、公共营养学、临床营养学等。例如,运动营养学是研究运动员的营养需要,利用营养因素来提高运动能力,促进体力恢复和预防疾病的一门科学。运动营养学是营养学的一个分支,是营养学在体育实践中的应用,所以有人把运动营养学视为应用营养学或特殊营养学。

二、营养

营养是人体不断从外界摄取食物,经过消化、吸收、代谢和利用食物中身体需要的物质(养分或养料)来维持生命活动的全过程,是一种全面的生理过程。

营养是一个动态的过程,如果其中任意一个环节发生异常,如食物多样性的不足不能满足人体需要,或因消化不良而不能利用某种营养成分等,都会导致营养不足,从而损害健康。人体没有营养成分的滋养就会慢慢地消耗本身的能量,人体随着能量的不足就会慢慢地失去机体原有的活力。因此,营养很重要,是人体生存的根本。

三、营养素

营养素是指食物中能被吸收及用于增进健康的食物的基本元素。某些营养素是必需的,包括维生素、无机盐、氨基酸、脂肪酸及作为能量来源的某些碳水化合物。营养素中有一部分不能在体内合成,必须从食物中获得,称为"必需营养素";另一部分营养素可以在体内由其他食物转换生成,不一定需要由食物中直接获得,称为"非必需营养素"。

营养素可分为宏量营养素和微量营养素。蛋白质、脂类、碳水化合物因为人体需要量较多,在膳食中所占的比重大,称为宏量营养素;矿物质和维生素因为人体需要量较少,在膳食中所占比重也小,称为微量营养素。矿物质中又分为常量元素和微量元素,常量元素在人体内含量相对较多,微量元素在人体内含量很少。

四、食物

食物通常是由碳水化合物、脂类、蛋白质、水构成,能够借由进食或饮用为人类提供充分的营养或愉悦的物质。食物可视为营养素的载体,是维持生命和保证健康的物质基础,是人从事各种体力活动和脑力活动的保障。食物中含有丰富的营养素和能量,使人在享受美味的同时还能调节人体新陈代谢、增强防御疾病的能力、促进健康。

五、药物

药物是一种能影响机体生理、生化和病理过程,用以预防、诊断、治疗疾病和计划生育的化学物质。它同食物一样可食用,但药物主要起治疗作用,无营养作用,通常还有副作用。

六、膳食

膳食可视为含有多种营养素的多种食物的混合体,即人们的日常饮食,如每天食用的三餐。膳食类型与民族、地区、信仰和经济水平等因素有关,如中餐、西餐、素食等。膳食与人体健康有着密切的关系:符合合理营养要求的膳食称为平衡膳食,是促进健康的根本保证,有利于改善代谢、消除病因、缩短病程、进行综合治疗;通过合理平衡的膳食和身体锻炼可以改善人们的健康状况,减少主要慢性疾病的发病危险。

七、能量

本书主要讲的是人体所需的能量,是人体生命活动都需要的能量,这些能量主要来源于食物。碳水化合物、脂类和蛋白质经体内氧化可释放能量,三者统称为"产能营养素"或"热源质"。如果人体摄入能量不足,则会导致身体机能下降,影响健康,引发疾病,甚至缩短寿命;如果人体摄入能量过剩,则会导致脂肪堆积,形成肥胖。所以,能量的供需平衡是营养学最基本的问题。

第二节　人体所需的营养素

人类日常的饮食含有七大营养素,分别是碳水化合物(糖类)、蛋白质、脂类、矿物质、纤维、维生素和水。通过科学饮食、合理搭配,全面均衡地补充营养素,不仅能使营养平衡,而且还能达到预防慢性疾病的目的。

一、蛋白质

蛋白质是组成人体一切细胞、组织的重要成分,蛋白质的种类繁多,不同蛋白质的功能各异,是一切生命的物质基础,其中最主要的功能是维持人体组织的更新、生长和修复。

蛋白质是建造和修复身体的重要原料,人体的发育及受损细胞的修复和更新,都离不开蛋白质。蛋白质缺乏和蛋白质过剩都属于蛋白质营养失调,对人体健康都有不良影响。因此,蛋白质对人体是非常重要的。

二、脂类

脂类是油、脂肪、类脂的总称。食物中的油脂主要是油、脂肪,一般把常温下是液体的称作油,而把常温下是固体的称作脂肪。脂类是人体需要的重要营养素之一,它与蛋白质、碳水化合物是产能的三大营养素,在供给人体能量方面起着重要作用。脂类也是人体细胞组织的组成成分,如细胞膜、神经髓鞘都必须有脂类参与。

脂类的主要生理功能有:①储存及提供能量;②构成组织细胞,合成重要的生理物质;③提供必需的脂肪酸,促进脂溶性维生素的吸收;④维持体温,保护脏器;⑤调节内分泌;⑥脂类的分解代谢可以为机体提供生命活动必需的脂肪酸;还可使胆固醇转化为胆汁酸、维生素 D 和类固醇激素等活性物质。

高脂肪的食物有坚果类(花生、芝麻、开心果、核桃、松仁等),动物类皮肉(肥猪肉、猪油、黄油、酥油、植物油等),还有些油炸食品、面食、点心、蛋糕等。

低脂肪的食物有水果类(苹果、柠檬等),蔬菜类(冬瓜、黄瓜、丝瓜、白萝卜、苦瓜、韭菜、绿豆芽、辣椒等),鸡肉、鱼肉、紫菜、木耳、荷叶茶、醋等。

三、碳水化合物

碳水化合物,又称糖类化合物,它能为人体提供能量,也是自然界存在最多,具有广谱化学结构和生物功能的有机化合物。碳水化合物根据其能否水解和水解后的生成物可分为单糖类、低聚糖类、多糖类。

人体一旦缺乏碳水化合物,就会导致全身无力疲乏,血糖含量降低,产生头晕心悸,脑功能障碍等症状;人体中的碳水化合物一旦过量,则碳水化合物就会转化成脂肪,储存于人体内,导致肥胖,甚至引发高血压、糖尿病等各种疾病。

碳水化合物的主要功能有:①提供能量;②构成机体组织;③抗生酮;④增强肝脏的解毒能力;⑤节约蛋白质;⑥膳食纤维的生理功能。膳食中碳水化合物的种类和比例可能与冠心病、糖尿病、肿瘤等发病率有密切关系。因此,应该控制饮食中的精制糖用量。

碳水化合物的主要食物来源有糖类、谷物(如水稻、小麦、玉米、大麦、燕麦、高粱等)、水果(如甘蔗、甜瓜、西瓜、香蕉、葡萄等)、干果类、干豆类、根茎蔬菜类(如胡萝卜、番薯等)等。

四、水

水是人体正常代谢所必需的物质,正常情况下,身体每天要通过皮肤、内脏、肺及肾脏排出 1.5 升左右的水,以保证毒素从体内排出。儿童体内有 80% 的水,老人体内则有 50% ~ 60% 的水,正常中年人体内则有 70% 的水。

水在机体内有许多重要功能:①水是细胞原生质的重要组分;②水在体内起溶媒作

用,可溶解多种电解质;③水在体内起运输作用,可以传递营养物质、代谢废物和内分泌物质(如激素)等;④水有较高热导性和比热,可作为"载热体"在体内和皮肤表面间传递热量,有助人体调节体温。

五、矿物质

矿物质是地壳中自然存在的化合物或天然元素,又称无机盐,是人体内无机物的总称。矿物质是构成机体组织的重要原料,如钙、磷、镁是构成骨骼、牙齿的主要原料。矿物质也是维持机体酸碱平衡和正常渗透压的必要条件。矿物质是人体必需的七大营养素之一,是无法靠人体自身产生或合成的,人体每天矿物质的摄取量是基本确定的,但受年龄、性别、身体状况、环境、工作状况等因素影响会有所不同。

六、维生素

维生素是人体的必备元素,是人体维持正常的生理功能所必需的一类微量有机物质。如果说人体是一座极为复杂的化工厂,不断地进行各种生化反应,那么酶就是化学反应的催化剂,而维生素就是酶参与催化的辅助因子。

维生素可分为三类,即脂溶性维生素(维生素 A、维生素 D、维生素 E、维生素 K)、水溶性维生素(维生素 B 族、维生素 C 等)和类维生素物质(生物类黄酮、卡尼汀、辅酶 Q、牛磺酸等)。食物中某种维生素长期缺乏或不足则会引起代谢紊乱和出现病理状态,形成维生素缺乏症,但维生素过多对身体也会有害。

七、纤维素

纤维素是一种重要的膳食纤维,是自然界分布最广、含量最多的一种多糖,占植物界碳含量的 50% 以上。一般可以从天然食物,如魔芋、燕麦、荞麦、苹果、仙人掌、胡萝卜等食物中摄取。纤维素的主要功能包括治疗糖尿病,预防和治疗冠心病、肥胖症、便秘、高血压、癌症等。

第三节　健康运动合理营养的基本要求

一、食物的数量和质量应满足健身运动的需要

食物的数量应满足健身运动能量消耗的需要,使人体通过运动健身能保持适宜的体重和体脂;在食物的质量方面应保证全部营养素适合的配比。食物中的能源物质,即蛋白质、脂类和糖类的比例应适应不同健身运动的需要。一般情况下,蛋白质热量占总热量的 15%～20%,脂类热量占总热量的 25%～30%,糖类的热量占总热量的 55%～65%,有氧健身运动的糖类热量可达到总热量的 70% 以上。

二、食物应当营养平衡和多样化

食物应包括谷类物、蔬菜水果、奶和奶制品,以及水产品、肉、禽、蛋、豆和豆制品等高蛋白食品及烹调用油和白糖等纯热量食物。热量不足或过多时,可用主食、油脂或甜食等

调节。

三、一日三餐食物能量的分配应根据健身运动锻炼的量和强度安排

健身运动者的早餐应有较高的能量,并且食物中应含有丰富的蛋白质、无机盐和维生素等;午餐应适当加强,但要注意避免肠胃负担过重;晚餐的能量不宜过多,以免影响睡眠。当运动量过大,消耗增多时,可考虑加餐。

四、运动健身的进食时间应考虑消化机能和健身者的饮食习惯

一般进餐后 2~2.5 小时后再进行运动为宜,这是因为进餐后的一段时间内,胃的充盈抑制了膈肌的活动,影响呼吸,不利于运动;另外,若进餐后立即运动,由于血液的重新分配,会导致消化系统的血流量减少,致使消化吸收能力下降,影响运动能力的发挥。

运动结束后的一段时间内,胃肠道的血液分布才会逐步恢复正常,运动后至少休息30 分钟以上再进食,大运动量后要休息 45 分钟以上再进食。

第四节 健康运动与平衡营养膳食

平衡营养膳食又称均衡营养素,是指从根据日常生活中人们所摄取的营养素,通过科学配比,即通过膳食补充使人体得到所需的全部营养素,而且既有足够的数量,又有适当的比例。平衡营养膳食具有热量营养素构成平衡、氨基酸平衡、各种营养素摄入量平衡、酸碱平衡、动物性食物和植物性食物平衡等特点。平衡营养膳食的基本作用是在各种营养素消化、吸收、运输、利用的动态过程中使身体各组织都能正常工作。任何一种营养素过多或不足都会影响其功能平衡,造成平衡关系失调,对人体健康造成不良影响,甚至会导致某些营养性疾病或慢性病的发生。

一、氨基酸平衡

食物蛋白质营养价值的高低,很大程度上取决于食物中所含的必需氨基酸的数量及比例。只有数量与比例同人体的需要接近时,才能合成人体的组织蛋白质,反之则会影响蛋白质的利用。WHO 提出了人体 8 种必需氨基酸的比例标准,食物中所含的必需氨基酸比例与该标准越接近,生理价值越高,生理价值接近 100 时,即指 100% 被吸收,这就称为全部氨基酸平衡。

能达到全部氨基酸平衡的蛋白质,称为完全蛋白质。利用这个标准可以对各种事物的蛋白质进行氨基酸划分。鸡蛋、人奶的氨基酸比例与人体极为接近,因此可称为氨基酸平衡的食品。健身运动者由于运动的项目、时间和强度等不同,体内氨基酸消耗也不同,要根据健身运动者健身运动的情况保持体内氨基酸的平衡。

二、热量营养素平衡

糖类、脂类、蛋白质均能给机体提供热量,故称为热量营养素,但是平衡膳食的关键不仅取决于这三大营养素的摄入量。人体热能的 60%~70% 来自糖类,10%~15% 来自蛋白质,20%~25% 来自脂类,按照这种组成的比例,并考虑不同营养素产生的能量区别。

当膳食中脂类热量供给过高时,将引起肥胖、高脂血症、心脏病等;蛋白质热量提供过高时,则影响蛋白质正常功能发挥,造成蛋白质消耗,影响体内氮平衡。当糖类和脂类热量供给不足时,就会削弱蛋白质的保护作用,三者之间是相互影响的,一旦出现不平衡,将会影响身体健康。健身时,要根据各种健身运动的特点,合理补充热量,促进健康水平的提高。

三、各种营养素摄入量的平衡

各种营养素之间存在着错综复杂的关系,由于人体的生理状态不同、运动形式不同,对营养素的需要量也不同。中国营养学会制定了各种营养素的每日供给量,膳食中所摄入的各种营养素在一定时期内,与标准供给量的误差不应超过±10%的范围。保持这种标准,即可称之为各种营养素间的基本平衡。营养学家建议,每日应摄入约20多种各类食物1500克,才能基本保证平衡膳食的要求。健身者要根据各自健身运动的特点,合理补充各种营养素,以保证健康水平得到提高。

第五节　运动饮食的注意事项

形体训练的目的是改善形体,增进健康。饮食是人体健康、形体健美的基础,二者是相互影响,相互促进的。只有在形体训练的同时,根据自身形体健美的要求,依据各类食物的营养成分及所含热能,合理营养和平衡膳食,并能够科学合理地制定和调整个人饮食结构,才能更好地达到形体健美的要求。

一、日常合理饮食分配

1. 饮食质量分配

如果形体训练安排在上午,则早餐的食物应具有较高的能量,并应含有丰富的碳水化合物、磷、维生素和蛋白质,但不可使胃肠负担过重。早餐应少食食物纤维多的食物及不易消化的肥肉或脂肪,这些不易消化的食物应放在午餐食用。晚餐则应食用能量较低,易消化,不含刺激成分的食物,以免影响休息。

如果形体训练在下午进行,则午餐的量不应过多,难消化吸收的食物可移到晚餐食用,部分脂肪含量较高的食物也可放在早餐食用。

如果形体训练在晚上进行,则晚餐的量不应过多,难消化吸收食物可移到午餐食用,部分脂肪含量较高的食物也可放在早餐食用。而运动休息之后还可以加食第四餐,此时要食用易消化、不含刺激成分的食物。

饮食有节,不喝酒、不抽烟与不吃刺激性食物的良好饮食习惯有利于食物消化吸收,并有利于预防消化系统疾病,从而可以促进机体功能提高。

2. 营养需要

形体训练、体操等运动项目,要求动作灵敏和讲究一定的技巧,运动过程中神经系统会比较紧张。因此,饮食时食物中的总能量不应太高,但食物中蛋白质、维生素和钙、磷等矿物质应充分,蛋白质食物产热占总能量的15%,脂类占总能量的20%,维生素B1应为4毫克/天,维生素C应为140毫克/天,磷应为4克/天。

二、运动前饮食的注意事项

适当调整运动前饮食量,选择食用高糖类食用,以淀粉类碳水化合物为主,适量选择低脂肪,含矿物质和维生素丰富的食物。有不少人错误地认为,运动前加强营养就是指多吃鸡鸭鱼肉,实际上,高脂肪和高蛋白食物难以消化,容易引起疲劳。而运动前加强营养实际是应多增加水果、蔬菜、面包、牛奶、鸡蛋和鱼肉等食物。运动前还应当适量补糖,少量食用咖啡或浓茶,大量补水,避免饮酒。因为咖啡中的咖啡因及茶中的茶碱均有一定的促进兴奋的作用,少量食用能提高运动耐力,促进脂肪利用。而无论白酒、啤酒还是葡萄酒都是脱水剂,饮用以后会导致人体脱水,因此会使人体运动能力下降 20% ~ 30%。

三、运动后饮食的注意事项

与运动前饮食注意事项类似,进食时间必须与运动训练时间相适应,运动后应充分休息后才能进食。通常认为,运动结束后应至少休息 30 分钟以上再进食,大量运动后应休息 45 分钟以上再进食,才能使心肺活动基本稳定,并使胃肠得到适当休息。

运动后饮食的总原则是应适当摄入食物,补充蛋白质、脂类和碳水化合物,平衡补充维生素和矿物质,大量饮水作为细胞的补液。需要注意的是,运动结束后至进食前这段时间不宜大量饮水,饮水过多会稀释胃液,影响食欲及消化能力,久而久之会形成慢性胃部疾病。此外,不要迷信补品,忌挑食、偏食和零食,忌吸烟和酗酒。

学 法 指 导

1. 学习要点:人体所需的营养素;运动时合理营养的基本要求;营养素的类别及其各自的生理功能;运动前后的饮食注意事项。
2. 延伸学习:减重期、增重期的饮食注意事项;航空服务人员营养与饮食特点。

思考与练习

1. 形体训练运动前后饮食的注意事项有哪些?
2. 运动结束后 5 分钟内大量饮水是否正确?为什么?
3. 在运动过程中,人体所需的营养素对人体分别产生什么作用?
4. 如果能量的消耗量大于能量的摄入量,那么人体会出现什么状况?

实 践 篇

第六章　基本素质练习

学习提示

　　形体基本素质练习是形体训练中最重要的内容之一。只有通过科学、严格、长期的形体基本素质练习，加强对身体的生物学改造和锻炼，才能改善练习者的形态，提高机体的能力，促进身体正常发育，增强体质，使身体得到全面发展，同时，对练习者的心理、智力、意志品质等方面也具有良好的影响。

　　从解剖学分析形体训练的基本素质，可将其概括为力量、柔韧性、稳定性、灵敏性、耐力和控制能力、人体的协调性，而其中最重要的是柔韧性和力量，它们的好坏直接影响形体的控制力和表现力。

　　柔韧性一般称为软度，柔韧素质是指胯部关节的肌肉、肌腱、韧带等软组织的伸展能力。柔韧性训练，是形体训练中的一个重要的部分。柔韧性的好坏是由人体各关节的运动幅度大小所决定的。柔韧性强的人，动作幅度大，人体能够俯、仰、盘卷，形体动作有圆、有伸，站姿、坐姿和走姿有棱有角，优美动人。

　　加强柔韧性练习是掌握重心与控制能力的重要条件，它能够增加关节的灵活性，增强肌肉、韧带的弹性和伸展能力，以增大运动时的动作幅度，使举手投足能更舒展、更有效地展示动态美。同时，拉伸练习能有助肌纤维向纵向发展，使人体更挺拔、更优美。练习柔韧性的方法有被动法和主动法两种，可综合采用。其练习部位包括肩部、胸部、腰部和腿部。

　　力量是肌肉收缩或紧张时所表现出来的能力。立背需要腰背肌的力量，直膝需要腿肌的力量，绷脚需要小腿及踝关节部位肌肉的力量。透过人体解剖可见，直立时，腹肌、腰背肌、臀肌协同收紧，就如同肌肉制成的两块夹板，将脊柱牢牢固定起来，上体重心集于腰骶处，而使骨盆相对稳定，骨盆稳固可使形体动作"上体轻松、下肢自如"。有力量的练习者，练习时速度快、控制力强、弹跳力好，易于掌握较难动作，可以保持良好的身体形态；力量差的练习者，腿伸不直、脚踢不高、跳不起来、控制力差，不能稳健地完成动作。

　　力量练习属于形体训练的基本素质练习之一。通过力量练习，可以增加腿部支撑人

43

体站立的能力,以及立腰、立背的力量,还可以提高形体姿态的控制能力和举手投足的优美程度,是形体训练的重要内容。在练习过程中,每个动作之间的间歇一般不超过 30 秒,每组动作之间的间歇一般不超过 3 分钟。在形体训练中,力量练习有姿态要求,必须具备一定的控制力,其练习部位包括腰腹部、腰背部、臀部和腿部。

通过学习本章内容,应掌握身体各部位力量与柔韧性的练习方法,从而提高自身肌肉力量与柔韧性。

第一节　手臂、肩部力量与柔韧性练习

手臂、肩部的动作是上体姿态优美的重要组成部分。在日常生活中,人们通过上肢来完成工作和表达情感,而丰富多彩的上肢动作和造型又是通过手形的变化及肘关节的屈伸来实现的。经常锻炼上肢,可减少臂部多余脂肪,增强上肢肌肉的力量,使体态更轻盈、更敏捷。柔顺的双臂、灵活的手腕和手指,能给人的形体美增添韵味,能使人的每一个动作产生动态美,因此,上肢是不可缺少的主要练习部位。加强手臂、肩部的柔韧性与力量练习,能进一步提高人体对手臂与肩部的控制力,使形体动作更加舒展和优美。

一、手臂力量练习方法

练习一　双臂绕环练习
准备姿势:双腿盘坐,双手放于膝盖上,背挺直坐好(如图 6-1-1 所示)。

训练动作:双手五指张开到最大,双臂向外伸到最长,双手手腕立到最高。双臂以肩为轴,经后向前绕环一周(可做大绕环和中绕环)(如图 6-1-2 所示)。

图 6-1-1　　　　　　　　　　　　　　　图 6-1-2

练习二　屈肘练习
准备姿势:双腿盘坐,双手握拳放于体前,双臂伸直,拳心朝上(如图 6-1-3 所示)。

训练动作:上臂不动,前臂向上抬起,形成屈肘姿势,拳心对胸(如图 6-1-4 所示),慢慢放下,还原成准备姿势。

练习三　双臂前交手练习
准备姿势:双腿盘坐,双手张开交叉于体前,双臂伸直,手心向内(如图 6-1-5 所示)。

训练动作:双手慢慢向上移动直至小臂于头顶交叉(如图 6-1-6 所示),慢慢放下,还原成准备姿势。

图 6-1-3

图 6-1-4

图 6-1-5

图 6-1-6

二、肩部力量练习方法

练习一 双肩的上提和下沉练习

准备姿势:双腿并拢直立,双臂自然下垂于体侧。

训练动作:

1~2 拍:右肩上提,靠近右耳(如图 6-1-7 所示)。

3~4 拍:右肩下沉,手臂自然下垂。

5~6 拍:左肩上提,靠近左耳。

7~8 拍:左肩下沉,手臂自然下垂。

也可双肩同时做上提和下沉练习。

练习二 双臂曲肘转肩绕环练习

准备姿势:双腿盘坐,双手放于膝盖上,背挺直坐好。

训练动作:双臂屈肘,双手置于双肩,以肩为轴,经后向前绕环一周(如图 6-1-8 所示)。

图 6-1-7

图 6-1-8

三、手臂、肩部柔韧性练习方法

1. 手臂柔韧性练习方法

练习一　手臂侧伸展练习

准备姿势:双腿盘坐,双手放于膝盖上,背挺直坐好。

训练动作:弯曲右侧手臂,尽量放在头部后侧,左手拉紧右手向左下侧用力拉(如图6-1-9所示);慢慢放下,再做左手臂侧伸展练习,动作同右手臂(如图6-1-10所示)。

图6-1-9　　　　　　　　　　　　　图6-1-10

练习二　双手外推练习

准备姿势:双腿盘坐,双手放于膝盖上,背挺直坐好。

训练动作:双手交叉相握在胸前,手心向外并向前直臂拉肩,身体保持不动(如图6-1-11所示),充分伸展后双手回到胸前。也可做双手向上拉肩动作,动作同上(如图6-1-12所示)。

图6-1-11　　　　　　　　　　　　　图6-1-12

2. 肩部柔韧性练习方法

转肩练习

准备动作:双腿并拢直立,双臂自然下垂于体侧。

训练动作:左肩前扣,上提后向后绕环一周(如图6-1-13所示);右肩练习动作同左肩。也可双肩前扣,上提后向后绕环一周(如图6-1-14所示)。

图 6-1-13　　　　　　　　　　　　　　　图 6-1-14

第二节　胸腹部力量与柔韧性练习

胸部、腹部力量与柔韧练习是形体训练的重要内容之一。胸、腹部力量与柔韧性的强弱,决定了一个人形体控制能力的好坏和形体的优美程度。

经常进行胸部锻炼,可使胸廓更好地发育,增大肺活量。经常进行腹部锻炼,可以防止腹部肌肉松弛、萎缩,消耗多余的皮下脂肪,同时对腹腔和盆腔内的组织器官起到良好的按摩作用,而且强健的腹肌对人体的内脏器官起着很好的支撑作用。

一、胸部力量与柔韧性练习方法

挺胸练习

准备姿势:坐地,双腿并拢屈膝,脚掌着地、放于体前,身体挺直,收腹、立腰,双臂放于两侧,双手搭在两侧地面(如图 6-2-1 所示)。

训练动作:抬臀离地,胸尽量向上挺,双肩感觉下压,手脚不离地(如图 6-2-2 所示),停留数秒,再回到准备姿势;反复练习。

图 6-2-1　　　　　　　　　　　　　　　图 6-2-2

二、腹部力量的练习

练习一　抬起双腿交叉练习

准备姿势:身体平躺地面,双手放于身体两侧,双腿并拢,绷脚压脚腕。

训练动作:双腿伸直同时抬起,与地面尖角呈 30°或 40°左右,双腿互相交叉进行练习(如图 6-2-3 所示)。

图 6-2-3

练习二　双腿同时起落练习

准备姿势:双臂曲肘着地,身体挺直,双腿并拢,绷脚压脚腕。

训练动作:双腿伸直同时抬起,与地面夹角呈 30°或 40°左右,控制几秒后,再慢慢放下(如图 6-2-4 所示)。

图 6-2-4

练习三　双腿双手同时起落练习

准备姿势:身体平躺地面,双手放于头部上侧贴于地面,双腿并拢,绷脚压脚腕。

训练动作:双腿伸直同时抬起,上身前起,双臂向前平举,尽量接触脚面,然后再慢慢回到准备姿势(如图 6-2-5 所示)。

图 6-2-5

三、腹部柔韧性练习

双腿交替蹬踏式

准备姿势:身体平躺地面,双手枕在后颈处,双腿并拢,绷脚压脚腕(如图 6-2-6 所示)。

训练动作:弯曲双腿,使小腿与地面平行(如图 6-2-7 所示),先蹬出右腿(如图 6-2-8 所示),然后再蹬出左腿(如图 6-2-9 所示),双腿交替进行。

图 6-2-6

图 6-2-7

图 6-2-8　　　　　　　　　　　图 6-2-9

第三节　腰背部力量与柔韧性练习

腰背部力量的强弱和柔韧性的好坏,直接关系站立姿势的形成和优美程度,良好的腰背部力量和柔韧性,体现出来的是肌肉结实和富有弹性,形体优美的曲线充满动感,给人一种充满活力的青春美。因此,在形体训练中,腰背部力量和柔韧性的练习是不可忽视的,是塑造和保持高胸、平腹、细腰体形的关键。经常进行腰背部力量与柔韧性的练习,可以预防和矫正含胸、驼背的姿势,减少背部多余脂肪,有效防治慢性腰肌劳损,使形体挺拔优美。

一、腰背部力量练习

练习一　下前腰练习

准备姿势:双腿并拢直立,双臂上举。

训练动作:双腿分开站立与肩同宽,双臂上举高于头顶,抬头看前方,身体挺直,然后上体前屈下前腰,双臂在体前下压,双手按于地面,感觉用小腹去贴大腿,注意双膝伸直,上身尽量与腿相贴(如图 6-3-1 所示)。

练习二　双人腰背练习

准备姿势:训练者俯卧于地面,双手放在腰背上,双腿伸直;辅助者跪坐姿态,双手压住训练者的双脚(如图 6-3-2 所示)。

图 6-3-1

训练动作:训练者上体尽量向上直起练习(如图 6-3-3 所示),然后再回到俯卧姿态,反复进行练习,可增强腰背部力量。

图 6-3-2　　　　　　　　　　　图 6-3-3

练习三　屈腿后抬练习

准备姿势:俯卧,双手与前臂支撑在地面上,上身抬起(如图 6-3-4 所示)。

训练动作:

1~2 拍:右腿慢慢抬起(如图 6-3-5 所示)。

3~4 拍:右腿保持向上屈腿的姿态,然后向上屈腿(如图 6-3-6 所示)。

5~6拍:右腿保持离地面的姿态,然后慢慢伸直。

7~8拍:右腿慢慢放下。

左腿动作同右腿动作。

图 6-3-4 图 6-3-5 图 6-3-6

二、腰背柔韧性练习

练习一　单臂抬练习

准备姿势:俯卧,上身抬起,双手与前臂支撑在地面上。

训练动作:右手和左腿同时向上抬起(如图 6-3-7 所示);右手和左腿同时慢慢放下;左手和右腿训练方法同上。

图 6-3-7

练习二　俯撑后仰

准备姿势:俯卧,身体抬起,双手支撑在地面上(如图 6-3-8 所示)。

训练动作:慢慢地让头部向后仰(如图 6-3-9 所示)。

图 6-3-8 图 6-3-9

练习三　下前腰抱腿练习

准备姿势:双脚分开站立。

训练动作:上身下前腰,小腹去贴大腿,双手尽量抱住双腿(如图 6-3-10 所示)。

图 6-3-10

第四节　臀部力量与胯部柔韧性练习

　　臀部力量与胯部柔韧性练习是训练形体美的基本练习之一,是增强整体柔韧性和全身协调性的重要环节。胯部柔韧性的优劣,直接影响动作的舒展与优美程度。同时,通过胯部柔韧性练习也可以塑造臀部线条。经常进行胯部和臀部锻炼,可提高胯部的灵活性,减少臀部脂肪堆积,使臀位上提,臀部肌肉紧而富有弹性,有利于获得优美的形体。

一、臀部力量练习

练习一　仰卧举腿练习

　　准备姿势:仰卧,双腿屈膝,脚掌着地,双手放在身体两侧贴于地面(如图6-4-1所示)。

　　训练动作:身体后翻,双手仍放在身体两侧贴于地面,双腿屈膝并拢,膝盖尽量靠近头部,在半空控制动作(如图6-4-2所示)。

图6-4-1

图6-4-2

练习二　抬臀练习

　　准备姿势:仰卧,双腿屈膝,脚掌着地,双手放在身体两侧贴于地面。

　　训练动作:双肩撑地向上抬起臀部,在空中停留数秒(如图6-4-3所示),然后慢慢放下。

图6-4-3

练习三　侧抬腿练习

　　准备姿势:跪姿,双手撑于地面,目视前方(如图6-4-4所示)。

　　训练动作:左腿伸向左侧,慢慢抬起直至与上身垂直,然后慢慢放下(如图6-4-5所示),换右腿,重复上述动作。

图6-4-4

图6-4-5

二、胯部柔韧性练习

练习一　双人开胯练习

准备姿势:练习者坐地,双腿向侧屈膝,脚心相对,双手握住踝关节,辅助者站在练习者的身后,双手放在练习者背上。

训练动作:辅助者向下压练习者的背部,辅助者的双脚可踩在练习者的双腿上,使练习者的胸、腹、头尽量贴近地面(如图6-4-6所示)。

注意事项:辅助者双脚踩在练习者腿上时,要视练习者的腿部承受能力而定,切不可贸然踩上,以免对练习者造成伤害。

练习二　双人对坐开胯练习

准备姿势:练习者和辅助者两人相对而坐,两人双腿都向两旁伸出,尽量打开,两人的双脚对齐贴住,上身保持端正姿势,双手放于身后(如图6-4-7所示)。

图6-4-6

训练动作:练习者和辅助者慢慢向对方靠拢,两人双手放于对方背上,尽量向里拉,两人双腿尽量向外打开,控制数秒(如图6-4-8所示)。

图6-4-7

图6-4-8

练习三　左右摆胯练习

准备姿势:双脚打开与肩同宽,身体挺立,双手叉腰(如图6-4-9所示)。

训练动作:

1拍:右腿屈膝内扣,重心移至左腿,胯向左顶出,同时上体向右侧屈,右肩下压(如图6-4-10所示)。

2拍:左腿屈膝内扣,重心移至右腿,胯向右顶出,同时上体向左侧屈,左肩下压。

注意事项:第2拍动作同第1拍动作相反。

图6-4-9

图6-4-10

练习四 前后提胯练习

准备姿势:双脚打开与肩同宽,双膝微曲,上体挺立,双手叉腰(如图 6-4-11 所示)。

训练动作:

1～2 拍:双腿微屈,臀部肌肉收紧向前顶,胯的下部前摆上提(如图 6-4-12 所示)。

3～4 拍:双腿不动,胯的下部后摆上提,塌腰(如图 6-4-13 所示)。

5～8 拍:重复 1～4 拍动作。

图 6-4-11　　　　　　图 6-4-12　　　　　　图 6-4-13

第五节　下肢力量与柔韧性练习

下肢练习是形体训练的主要部分,重点是加强髋关节、膝关节、踝关节的坚固性和灵活性,以提高站立姿态的腿部支撑能力和形体的优美程度。

经常进行腿部练习,可以保持腿部围度适中,减少腿部脂肪堆积,加强腿部肌肉力量,使形体更为优美,步伐矫健有力。

一、腿部、踝部力量练习

1. 腿部力量练习方法

练习一 地面踢前腿

准备姿势:仰卧,双臂侧平举,手心向下贴于地面,双腿伸直并拢,双脚成小八字位绷脚,整个身体舒展地贴在地面上。

训练动作:右腿绷脚,向上踢起,感觉右脚向头部踢去,左腿不动,身体其他部位贴住地面不动(如图 6-5-1 所示),然后慢慢放下;换左腿,重复上述动作。

注意事项:踢腿时,用脚背带动大腿踢起,而且速度要快,有一定的爆发力;复位时要有控制地轻落地,两拍一次。

图 6-5-1

练习二 地面侧踢腿

准备姿势:身体侧卧,身体里侧的手臂上举,手心向下贴于地面,另一只手臂屈肘放在体前,手心向下扶住地面,保持身体平衡;身体外侧的腿尽力外旋,膝盖、脚面向上。

训练动作:右腿绷脚,向上旁踢腿,感觉右脚向同侧肩、耳踢去,左腿不动(如图 6-5-2

53

图 6-5-2

所示),然后慢慢放下;转身,换左腿,重复上述动作。

注意事项:踢腿时,臀部不要后翘,身体保持一条直线,髋关节正位开胯,而且速度要快,有一定的爆发力;复位时要有控制地轻轻落地,两拍一次。

练习三 地面后踢腿

准备姿势:左腿跪立,右腿向后伸直,绷脚面点地,上身前俯双手撑地,抬头目视前方。

训练动作:右腿向后上方踢出(如图 6-5-3 所示),然后还原成准备姿势;换左腿,重复上述动作。

注意事项:踢腿时,膝盖要伸直不能弯,肩、髋要正,抬头、挺胸、塌腰。

图 6-5-3

2. 踝部力量练习

双脚交换下压

准备姿势:身体坐地挺直,收腹、立腰,双腿并拢伸直,绷脚压脚腕,双臂放于两侧,双手搭在两侧地面(如图 6-5-4 所示)。

训练动作:右脚尽量向上勾起,感觉脚踝有些酸(如图 6-5-5 所示),然后还原成准备姿势;换左脚,重复上述动作(如图 6-5-6 所示)。

图 6-5-4

图 6-5-5

图 6-5-6

二、腿、脚部柔韧性练习方法

1. 腿部柔韧性练习方法

练习一 下叉

准备姿势:坐立。

训练动作:右腿向前伸直,绷脚,大腿尽量外旋,右腿与双肩垂直,左腿绷脚向体后伸直,后腿、膝与脚面向外展,双腿平贴于地面成一直线(如图 6-5-7 所示);然后上身前俯,用小腹和下巴贴前腿,双手抱前腿拉前韧带(如图 6-5-8 所示)。

图 6-5-7

图 6-5-8

练习二　地面侧压腿

准备姿势:坐立,右腿向右侧伸直绷脚,脚面与膝盖朝上;左腿屈腿贴于地面,左腿放在体前,贴近身体;尽量开胯;双手放于体侧(如图6-5-9所示)。

训练动作:上身向右侧下旁腰,感觉用右肩、右耳去够右腿,左手在头上方用力去够右腿,控制数秒(如图6-5-10所示),然后直身。

注意事项:左膝不要离地,左手够不着右腿没关系,但是一定要保持正确姿势。

图6-5-9　　　　　　　　　　　　　图6-5-10

2. 脚面柔韧性练习方法

练习一　脚面韧带练习

准备姿势:半蹲,双手体前撑地。

训练动作:双手撑于地,双膝离地抬起,大腿尽量贴于前胸,脚面绷直缓慢离地,脚趾不动,使脚趾根至脚尖完全贴靠在地面上。用身体下压脚面韧带,脚面要绷直前顶(如图6-5-11所示);控制一会儿,脚面会有酸痛感。

注意事项:双脚内侧要紧紧靠在一起,脚面与地面角度越大越好。

图6-5-11

练习二　转脚腕练习

准备姿势:身体坐地挺直,收腹、立腰,双腿并拢伸直,绷脚压脚腕,双臂放于两侧,双手搭在两侧地面(如图6-5-12所示)。

训练动作:双脚向里绕圈,脚腕尽量立起,然后踝关节尽力向脚的外侧横展,呈勾脚状(如图6-5-13所示),再向外侧下压,最后回到准备姿势。

图6-5-12　　　　　　　　　　　　图6-5-13

学　法　指　导

1. 学习要点:身体各部位肌肉力量与柔韧性的锻炼方法。

2. 延伸学习:除以上介绍的肌肉力量与柔韧性的练习方法外,你还知道其他练习方法吗?

思考与练习

1. 进行肌肉力量与柔韧性练习时要注意什么?
2. 每隔一天练习一次你的肌肉力量,坚持每天练习柔韧性,保持健美形体。

拓展训练

1. 俯卧撑练习方法

(1)复合组俯卧撑(水平,上斜,下斜)。

练习肌肉:胸肌、肩三角肌、上背肌、肱三头肌。

练习方法:三组练习连续做,只有在变换姿势时稍有停顿。

① 标准俯卧撑。双手撑地同肩宽,腿与背伸直,双脚并拢,臂伸直,锁住肘关节。双眼向前看,不要看地,下降身体,使胸几乎触地,保持背挺直,然后有控制地推起身体恢复开始姿势。注意动作节奏。

② 上斜俯卧撑。双手撑在50～70厘米高的长凳上,身体下降,使胸与手平行,再用力撑起。这个练习主要是训练胸肌下部。除长凳外,也可以把手撑在健身球上做,这样做难度更大,因为更多的肌肉会参与保持平衡,包括腰腹肌。

③ 下斜俯卧撑。双脚放在长凳上支撑,双手置于地上。下降身体,使胸几乎触地后推起。这种练习主要针对胸肌上部与肩三角肌前部进行训练。也可以用健身球代替长凳,可同时锻炼躯干肌肉。

(2)强力俯卧撑。

练习肌肉:胸肌、肩三角肌、上背肌、肱三头肌。

练习方法:起始姿势与标准俯卧撑相同,但是在右手置于地面的同时,左手放在一个大约20厘米高的支撑物上。慢慢下降身体直到左肩靠近左手,然后用爆发力撑起身来,使双手有一个短暂的腾空。在双手腾空的瞬间身体稍向左转,使左手落在地面,而右手落在支撑物上。

(3)俯卧撑转体。

练习肌肉:肩三角肌后束、腰侧肌、腰背肌下部。

练习方法:起始动作与标准俯卧撑相同。在撑起身体、双臂伸直后,身体向左旋转,右臂上举,同时眼睛也随着右臂的动作向右上方看,短暂停顿后恢复开始姿势,换做另一侧。

(4)肱三头肌俯卧撑。

练习肌肉:手臂肱三头肌。

练习方法:与标准俯卧撑做法相同,但双手并拢支撑并有一点内旋,使拇指与食指形成一个三角形,这就改变了肱三头肌的负重。

2. 仰卧起坐练习方法

(1)练习肌肉:腹直肌、腹斜肌。

　　练习方法：身体仰卧于地垫上，屈膝成90°左右，脚部平放在地上，身体向上中立，背部离开地面，但下背部仍紧贴地面。动作只是腹部的压缩，带动脊柱骨弯曲，使胸肋骨紧贴骨盆，使腹部肌群处于"顶峰收缩"状态，稍停后，慢慢地使脊柱骨逐渐伸展、还原。

　　提示：仰卧起坐可以锻炼腰部力量和腹肌力量，每天坚持做 20 个，后期适量增加个数，但是不要超过身体承受的范围。

　　注意事项：双手的位置对腹部收缩的压力大小有直接的影响。一般有如下三种不同的安放位置：

　　① 双手自然伸直平放在体侧（易）；

　　② 手臂交叉抱于胸前（中）；

　　③ 双手置于颈后（难）。

　　（2）关于仰卧起坐的三个误区。

　　误区一　有些人因为没有时间去健身房锻炼，所以会选择在家里做一些基础而有效的运动，希望能达到减肥的目的。仰卧起坐就是许多人选择的一种方式，很多人认为只要坚持做，就能达到减肥的目的。

　　纠错　单纯做仰卧起坐只能达到局部健身的效果，因为仰卧起坐锻炼的是腹部肌群，长期锻炼能使腹部肌肉力量加强，但是身体其他部位，如大腿、臀部等得到的锻炼就比较少。所以，只有把仰卧起坐和其他健身方式有效地结合起来，才能达到身体塑形的效果。

　　误区二　仰卧起坐做得又快又猛，才能使腹部肌肉力量加强。

　　纠错　正确的做法应该是双手交叉抱于胸前，或者加大难度，把双手叠放在颈后，尽量展开双肘，缓慢发力，这样才能达到锻炼效果。

　　误区三　做仰卧起坐的时候，身体向某一个方向偏离直线，这样不用纠正，继续锻炼即可。

　　纠错　应该尽量控制起卧的方向，不要偏离直线，而且速度要放慢，以锻炼腹部肌群的控制能力，使腹部肌群更均匀。

第七章 基本姿态控制练习

学习提示

　　形体美是一个由多种要素有机组合而成的整体性的动态系统，它体现在肢体比例适度，肌肉均衡、身体丰满，皮肤健康、色泽柔润，体态身姿优雅四个方面，它们相互作用、相互影响、相映生辉，形成形体的动态美感。在现实生活中，只有进一步改变身体形态的原始状态，提高形体动作的灵活性，才能使站立姿态（简称"站姿"）、行走姿态（简称"走姿"）、坐立姿态（简称"坐姿"）、蹲立姿态（简称"蹲姿"）更加规范，从而获得健康、匀称、美丽的身材，以及结实而富有弹性的肌肉和充满动感的曲线。形体美的锻炼首先要从最基本的姿态开始，它包括站姿、走姿、坐姿、蹲姿，而正确的姿态，不仅对人的健康有益，而且能对人们的社会活动产生积极的影响。若姿态不好，就会给人留下没有朝气或不可信赖的印象，甚至会影响工作或事业的成功。

　　基本姿态控制练习是调整形体的基础练习，是改善和提高人体形态控制能力的重要内容。基本姿态控制练习动作难度不大，但动作仍须规范，应从严要求，并且需持之以恒的练习，这样才能达到效果。

　　本章重点介绍各种基本姿态的练习内容，使学生掌握各种基本姿态的动作要领和不同情境下站、走、坐、蹲的姿态，纠正不良姿态，养成良好的习惯，为将来的各项工作打下基础。

第一节　站　姿

　　站立姿态的练习主要是进行站姿的基础练习，重点是提高练习者在各种情况下保持良好的身体形态的能力。

　　站姿是否正确、优美、挺拔，主要受人体脊柱和骨盆位置的影响。正确的站姿要求练习者既要保持头颈部位、胸腰部位正确的伸展感，使脊柱周围屈伸肌群均匀地收缩，以维持和固定脊柱的正常生理弯曲，又要使下肢部位充分伸展并保持必要的平衡，通过腹部和臀部肌肉的正确用力，使骨盆保持在平衡准确的位置上。站姿练习是一个综合性的练习，正确的站姿会给人以挺拔舒展、充满自信的感觉，并显示出人体的曲线美和高雅的气质。

一、站姿基本要求

站姿指的是人们在自然站立时的正确姿势,站姿的要求是"正看一个面,侧看一条线"。它的标准主要是"正"和"直",即从人身体的正面来看,主要特点是头正、眼正、肩正、身正;从人身体的背面来看,主要特点是颈直、背直、腰直、臂直、腿直。

二、保持标准站姿的要领

人在站立时头部要抬起,下颌微收,双眼平视,面带微笑;颈部挺直,双肩舒展、齐平;面部和身体朝向正前方,胸要微挺,腹部自然收缩;腰部直立,臀部上提,挺直背脊,双臂自然下垂,双腿并拢立直。采取这种站姿,会表现出女性恬静、端庄的阴柔美,男性刚健、威严的阳刚美。

在站立时身体要保持直立。直,就是身体尽量与地面垂直。立,就是身体重心要尽量提高,双腿不宜分得过开。同时,还要注意收腹收臀,提气立腰,使身体的重心尽量向上拔高。人的重心向上就会显得精神饱满,风姿绰约;重心偏低就会显得慵懒和散漫。

三、几种规范的站姿

不同的工作岗位对站姿有不同的要求,但任何一种形式的站姿都是在基本站姿的基础上变化而来的。服务人员在实际工作中应选择适合的站姿来为客人服务。

服务工作中常见的站姿有以下几种。

1. 侧放式站姿(如图7-1-1所示)

侧放式站姿是男女通用的站立姿势。其要领是:双脚并拢,双腿并拢立直,双臂放松,自然下垂于体侧,虎口向前,手指自然弯曲。

2. 前腹式站姿(如图7-1-2所示)

前腹式站姿的要领是:双脚脚尖向外略展开,一脚在前,将该脚脚跟靠于另一脚内侧前端,形成"丁"字形,双手握指交于腹前,此站姿又称丁字式站姿,是女性常用的站立姿势。

图7-1-1

图7-1-2

3. 后背式站姿（如图 7-1-3 所示）

后背式站姿是男性常用的站立姿势。其要领是：双脚平行打开，略窄于肩宽，身体直立，身体重心放在双脚上，双手相握放在后背腰处。

4. 单臂式站姿（如图 7-1-4 所示）

单臂式站姿是男女通用的站立姿势。其要领是：双脚打开或成丁字步，右臂弯曲，右手放于腹部，左臂自然下垂放于体侧，左手虎口向前，左手手指自然弯曲。

图 7-1-3

图 7-1-4

四、不良站姿

不良站姿指的是人们在生活或工作中不应当出现的站姿，常见的不良站姿表现在以下几个方面。

（1）头部：头部左、右歪斜或低头、仰头，左顾右盼，东张西望。

（2）肩部：肩不平，身体不正，含胸或过于挺胸。

（3）手部：手插兜或叉腰，双臂交叉抱于胸前，手腕抖动。

（4）腰部、背部：腰部弯曲，背部弓起，腹部挺出。

（5）腿部：弯曲，抖动，交叉，叉开过大。

（6）脚部：内八字或外八字，蹬踏，抖动。

五、站姿的控制练习

1. 靠墙立（如图 7-1-5 所示）

在立正姿态的基础上，双腿夹紧，收腹，挺胸立腰，立背，紧臀，双肩后张下沉，下颌略回收，头向上顶，脚跟、腿、臀、肩胛骨和头紧靠墙。此练习是借助墙的平面使练习者上体挺拔，使头、躯干和腿在一条垂线上，练习时一次控制 4×8 个拍，反复做 8 ~ 10 次。

2. 分腿立（如图 7-1-6 所示）

双腿在小八字立的基础上分开与肩同宽，双手叉腰，双肘微向前扣，收腹，挺胸，立腰，立背，双肩后张下沉。此动作主要锻炼练习者的臀部及上体，练习时夹臀与收腹同时进行。

图 7-1-5　　　　　　　　　　　　　图 7-1-6

3. 单腿立

在保持正确立姿的基础上,一腿支撑,另一腿屈膝上抬绷脚尖,贴于支撑腿,双手叉腰,上体微微向侧转。此练习主要训练腿的挺直与控制力。

4. 双手叉腰,前、侧、后点地练习(如图 7-1-7 所示)

在基本站姿的基础上,保持上体形态和重心稳定,双腿伸直;前点地和后点地时动作力求绷脚尖,脚面外翻;开胯侧点时,脚面向侧绷脚尖点地。每做一个方向的点地,都是先擦地出去,控制 1×8 拍后换方向练习,反复 8～10 次。此练习主要训练腿的控制能力和重心的稳定性。

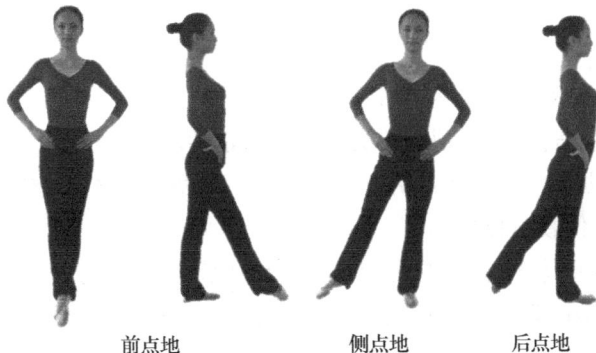

前点地　　　　　　　　侧点地　　　　　　　后点地

图 7-1-7

5. 移重心站姿练习(如图 7-1-8 所示)

1×8 拍:1～2 拍,双腿前后分开、屈膝,向前移动重心。

3～4 拍,右腿直立,左脚后点地,重心在右脚。

5～8 拍,同 3～4 拍,动作保持不动。

2×8 拍:同 1×8 拍,但方向相反。

3×8 拍:右脚 1～2 拍,向侧擦地或侧点地;3～4 拍,动作同 1～2 拍,但方向相反;5～8 拍,双腿半蹲,双手叉腰。

4×8 拍:同 3×8 拍,但方向相反。反复练习 6～8 次。

此练习主要训练在移动时腿的控制力和身体的正确姿态。

1×8 拍

2×8 拍　　　　　　　　　3×8 拍

图 7-1-8

拓展训练

1. 面向镜子,按照动作要领体会站立姿势。

2. 头顶可放一本书,以练习颈直和头颈部的稳定性。

3. 靠墙站立或两人一组背靠背站立,要求脚跟、小腿、双肩、后脑勺都贴紧墙或另一个人,练习身体直立,使腰身挺拔。

以上练习每次应坚持30分钟左右,女性穿半高跟鞋进行练习,以增强训练的实操性。练习时,可以配上优美的音乐,有利于保持愉快的心境,塑造自然的笑容,减轻单调、疲劳之感。

第二节　走　姿

行走是以文雅、端庄的站姿为基础的,是人的基本动作之一,是人体最自然、最频繁的一种周期性的位移运动,属于动态姿态,具有节奏感和流动感。行走姿态的好坏,能直接反应一个人的健康状况、气质、文化修养和审美层次。良好的走姿虽然有一定的遗传因素,但关键在于后天的培养和训练。只有通过专门训练,增强腰、背、胸、腿、手臂的力量和控制能力,改进原始自然行走姿态,才能使走姿更规范、更优美、更有风度。

一、走姿规范的标准

正确走姿的基本要领是:步履自然、稳健,抬头挺胸,双肩放松,提臀收腹,重心稍向前倾,双臂自然摆动,目光平视,面带微笑。

走路时用腰力,要有韵律感。走路时腰部松懈,会有吃重的感觉,不美观;拖着脚走路,更显得难看。走路的优美姿态应"以胸带动肩轴摆,提髋、提膝、小腿迈,跟落、掌接、趾推送,双眼平视、背放松"。走姿的美感产生于下肢运动与上体稳定之间所形成的对比和谐,以及身体的平衡对称。

1. 男士走姿标准

男士在行走中要注意挺胸、收腹、抬头平视,这样全身成一条直线,给人以精神振奋之感。行走时应双肩平行,脚掌朝前,步幅与身高相适应。身体的重心点落在前脚的大脚趾和二脚趾上。行走时不要摇晃上体,双臂要自然地前后摆动并与脚步节奏吻合(如图7-2-1所示)。

2. 女士走姿标准

女士在行走时要注意走直线,身体平直,步幅不要太大,以不超过腿长的三分之一为佳。起步时,胸部要向前挺出,千万不要给人一种让脚拖着全身向前的感觉。迈步时,脚尖要避免内八字和外八字。迈步时,脚跟要先着地,双手前后自然摆动,注意身体摆动的幅度不要过大(如图7-2-2所示)。

图7-2-1

图7-2-2

3. 穿平跟鞋的走姿标准

女士在行走时要注意身体平直,步幅不要太大,穿平跟鞋时,步幅可稍大些。

4. 穿高跟鞋的走姿标准

双腿迈步要自然、轻盈,双腿并拢,走路时膝盖正对前方,双脚微向外展,落地时脚跟先着地,双腿几乎踏在同一条直线上,显示出女人端庄、文静、温柔、娴雅的窈窕美,给人一种轻、灵、巧的美感。标准的步幅是:前脚迈出一步落地时,前脚脚跟离后脚脚尖恰好是一只脚的长度。当然也不能完全遵照该标准,身材修长,腿会长些,步幅自然大些;身体玲珑,步幅也就小些。穿高跟鞋的女士,宜"纤纤作细步",只有这样才显得娉婷、婀娜多姿。

二、不良走姿

行走时要防止八字步,不要低头驼背、摇晃肩膀、双臂大甩,不要扭腰摆臀、左顾右盼,脚不要擦地面。以下是不雅观的走姿,应注意克服。

（1）肚子腆起,身体后仰。

（2）脚尖出去时方向不正,呈明显的"外八字脚"或"内八字脚"。

（3）双脚不落在一条直线上,明显地叉开双脚走。

（4）迈大步,身子上下摆动,像鸭子一样。

（5）双手左右横着摆动,像小学生走"一二一"一样。

（6）腿部僵直或身体死板僵硬。

（7）只摆动小臂。

（8）脚步拖泥带水,蹭着地走。

（9）耷拉眼皮或低着头走。

（10）在正式场合,手插在口袋、双臂相抱、倒背双手。

（11）不因场地而及时调整脚步的轻重缓急,把地板踩得"咚咚"响。

研究表明,不良的走姿会给人体的健康和发育造成不良的影响,而优美的步态会给人的身心健康带来更大的益处。

三、行走礼仪规范

（1）走路时要抬头挺胸、目视前方,肩臂自然摆动,步速适中,忌"八字步"、摇摇晃晃。

（2）上下楼梯、过楼道时要靠右行,纵队排列,而不要并排行走。不拥不抢,不在楼梯上打闹。出入教室、办公室时要轻声慢步,不影响他人。

（3）遇到熟人时要打招呼,互致问候,不能视而不见;需要交谈时,应靠路边谈话,不能站在道路当中或人多拥挤的地方。

（4）在公路上应靠右侧行走;过公路时应左右看车。

（5）在狭窄的道路上应互相礼让,主动给长者、残障人士让路。

（6）向别人打听道路时,先用礼貌用语打招呼,然后再问路;听完回答之后,一定要致谢。

四、走姿控制练习

不良的走姿绝大多数是后天不良习惯形成的,但只要有毅力,坚持不懈地正确练习,是完全可以改变的。在体现步态美的诸多因素中,除颈、肩、腰、四肢等有正确的姿势外,脚踝也起着极其重要的作用,但这点常常被人忽视。脚踝对人体起着支撑、维护平衡和缓冲的作用,拥有稳固、灵活而强有力的脚踝,走起路来才能支撑有力,才能步履优美稳健、灵活自如。因此,加强脚踝的力量练习,提高脚踝的灵活性,对于矫正走姿和体现步态美是非常有必要的。

（1）坐在椅子上,用脚趾夹起地上的小卵石或笔,抛向远处。

（2）站立提踵或负重提踵。用力跷起脚尖,膝关节伸直,尽量提起脚跟至最大限度,然后脚跟下落还原。可连续做,或者提踵后稍停顿再继续做,做 25 ~ 30 次后放松。

（3）足尖、足跟、足外侧交替走。直立,双手叉腰,用足尖、足跟、足外侧交替行走,膝关节伸直,每个动作走 5 ~ 6 米后放松。

（4）垫上练习。

① 脚背屈伸练习。直角坐,双手撑地,双腿并拢伸直,脚背屈伸。

② 脚踝绕环练习。姿势同上,双脚由内向外,或者由外向内绕环,脚踝绕环幅度尽量加大。

（5）平衡感练习。练习平衡感是为了在走路时让背部挺直,使上半身不摇晃。练习时,在头顶放一个小布垫,眼睛看前方。

（6）修正线条练习。进行修正线条练习时,可将一条 5 厘米宽的长带放在地上,首先踏出一步,注意此时只有脚跟内侧踩到带子,接着移动该脚让大脚趾也踩在带子上。另外一只脚也以同样的方法踏出,必须记住只能踏到带子边缘,以脚掌内侧接触带子。此外,还需避免翘着臀部走路。

以上动作若有音乐伴奏,则练习效果更好,练习的次数因人而异,但只要持之以恒,就定能使步态更健美,走出美的神韵、健康的风采。

第三节　坐　姿

坐姿美是体现形体美的重要组成部分,也是个性、气质、风度、修养及健康的一种表征。如果有漂亮的面容和优美的体形,再加上端庄、大方的坐姿,就更能增添魅力。良好的坐姿对保持健美的形体大有好处。

一、规范的坐姿标准

入座后,上体保持自然挺直,肩部放松。双臂自然下垂,高度相同,或者双臂屈放在桌面,或者小臂平放在座椅两侧的扶手上;双手可轻轻放在双膝上,或者双手相交握放在膝上。颈部梗直前倾。双膝自然弯曲,大腿保持在水平部位,双脚脚掌均匀着地。臀部坐在椅子的中前部,腰部始终要挺直。

（1）挺腰,收腹,双膝紧靠,脚尖朝外。

（2）坐下时,可采用双腿交叠斜放的姿势。方法是:膝盖不可往上举,一腿横向斜靠拢于另一腿上,这种坐姿相当优雅。

（3）伸出下巴,拉长颈部。

二、几种规范的坐姿

1. 女性的几种规范坐姿

优雅的坐姿传递着自信、友好、热情的信息,同时也显示出高雅、庄重的良好风范。女性的规范坐姿应为在站立的姿态时,后腿能够碰到椅子,轻轻坐下来,双膝一定要并起来,双腿可以放中间或放两边。如果想跷腿,则双腿需并拢;假如穿的裙子较短,则一定要小心盖住。一些起坐频繁或要上高台坐下的女性,都不适合穿太短的裙子,并且不能双腿分开。女性的几种规范坐姿如图 7-3-1 所示。

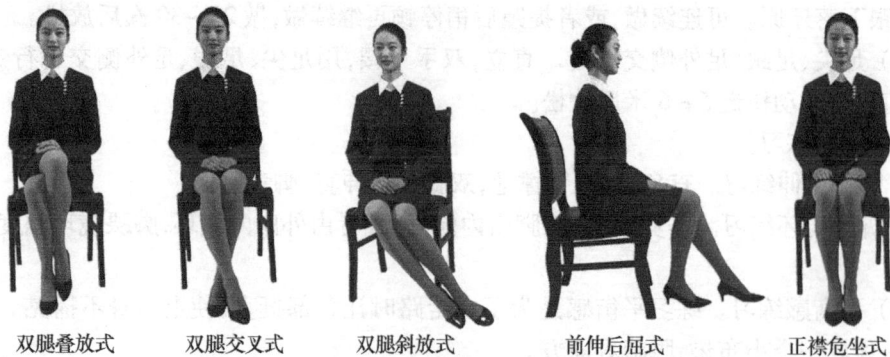

| 双腿叠放式 | 双腿交叉式 | 双腿斜放式 | 前伸后屈式 | 正襟危坐式 |

图 7-3-1

2. 男性的几种规范坐姿

图 7-3-2

男性坐姿讲究稳重感。一位有风度的男性，其基本的坐姿应该是上体挺直、肩平头正、目光平和，坐立的时候还要注意双腿分开的宽度不要超过肩膀的宽度，双脚保持平行，双手自然地放置在膝盖处（如图 7-3-2 所示）。

三、不雅的坐姿

在别人面前落座时，一定要遵守律己敬人的基本规定，要避免以下一些不雅的坐姿。

（1）双腿叉开过大。双腿如果叉开过大，无论是大腿叉开还是小腿叉开，都非常不雅。

（2）架腿方式欠妥。坐后将双腿架在一起时，应有正确的方式：两条大腿相架，并且一定要使双腿并拢。如果把一条小腿架在另一条大腿上，且双腿之间还留出大大的空隙，就显得有些放肆了。

（3）双腿直伸出去。这样既不雅观也会妨碍别人。身前如果有桌子，那么双腿尽量不要直伸出去。

（4）将腿放在桌椅上。有人为图舒服，喜欢把腿架在高处，甚至抬到身前的桌子或椅子上，这样的行为是非常粗鲁的。把腿盘在座椅上也不妥。

（5）抖腿。坐在别人面前，反复抖动或摇晃自己的腿部，不仅会让别人心烦意乱，而且也给别人留下极不安稳的印象。

（6）脚尖指向他人。不管具体采用哪一种坐姿，都不要将脚尖指向他人，因为这种坐姿是非常失礼的。

（7）脚踩他物。坐下来后，脚一般都要放在地上。如果用脚在别处乱蹬乱踩，是非常失礼的。

（8）用脚自脱鞋袜。在外人面前就座时，用脚自脱鞋袜显然是非常不文雅的。

（9）手触摸脚部。就座以后用手抚摸小腿或脚部，既不卫生也不雅观。

（10）手乱放。就座后，双手要放在身前，有桌子时放在桌上。单手或双手放在桌下，或者双肘支在面前的桌子上及夹在双腿间都是不允许的。

（11）双手抱在腿上。双手抱腿是一种惬意、放松的休息姿势，在商务场合中是不可以的。

（12）上身向前趴伏。坐后上身趴伏在桌椅上或本人大腿上，都仅能用于休息，而不要在商务场合中出现这种姿势。

四、坐姿控制练习

1. 盘腿坐（地面）

身体重心落在臀部上，挺胸收腹，立腰提气，肋骨上提，头颈向上伸，微收下颌，双腿弯曲，双脚脚心相对盘于腹前，双肘放松，手腕搭于膝上，也可双手背于身后。

2. 正坐

上体姿势同盘腿坐。双脚并拢，脚尖正对前方，双膝稍稍分开，双臂自然弯曲，双手自然扶于大腿处，上体正直，微向前倾，肩放松下沉，立腰，头、肩、臀应在一条线上。

3. 侧坐

上体姿势同盘腿坐。上体微向侧转，双臂自然放松，扶于腿处，双腿弯曲并拢，双膝稍移向一边，靠外侧的脚略放在前面，这样使臀部和大腿看起来比较苗条，给人以美的感觉。

第四节　蹲　姿

蹲姿是常见的一种姿态，人们站久后，一般都会用蹲姿缓解一下疲劳。蹲姿和坐姿不同，但都是由站姿或走姿变化而来的，处于相对静态的体位。

一、几种规范的蹲姿

1. 高低式蹲姿

高低式蹲姿如图7-4-1所示，它的基本动作是，双膝一高一低。该蹲姿要求在下蹲时，右脚在前，左脚稍后；右脚应完全着地，小腿基本上垂直于地面；左脚脚掌着地，脚跟提起。这时左膝低于右膝，左膝内侧可以靠在右小腿内侧，形成右膝高左膝低姿态。女性应两腿并拢，男性可以适度地分开。臀部向下，基本上以左腿支撑身体。一般情况下，高低式蹲姿会被广大的服务人员采用。而男性服务人员在工作时选用这一方式，往往更为方便一些。

2. 交叉式蹲姿

交叉式蹲姿（如图7-4-2所示）通常适用于女性，特别是穿短裙的女性，优点在于造型优美典雅。该蹲姿基本特征是蹲下后双腿交叉在一起，即左脚在前，右脚在后，左小腿垂直于地面，全脚着地；左腿在上、右腿在下，双腿交叉重叠；右膝由后下方伸向左侧，右脚脚跟抬起，脚掌着地；双腿前后靠近，合力支撑身体；上身略向前倾而臀部朝下。

3. 半蹲式蹲姿

半蹲式蹲姿（如图7-4-3所示）一般是在行走时临时采用。它的正式程度不及前两种蹲姿,但在需要应急时也采用。其基本特征是身体半立半蹲,要求在下蹲时,上身稍许弯下,但不要和下肢构成直角或锐角;臀部务必向下,而不是撅起;双膝略为弯曲,角度一般为钝角;身体的重心应放在一条腿上;双腿之间不要分开过大。

图 7-4-1

图 7-4-2

图 7-4-3

4. 半跪式蹲姿

半跪式蹲姿,又称单跪式蹲姿,它也是一种非正式的蹲姿,多用于在下蹲时间较长时。基本特征是双腿一蹲一跪,要求在下蹲后,改为一腿单膝点地,臀部坐在该腿脚跟上,以脚尖着地;另外一条腿应当全脚着地,小腿垂直于地面。双膝应同时向外,双腿应尽力靠拢。

在日常生活里采用蹲姿的场合较少。在工作场合,除捡拾地面物品、整理鞋袜外,一般不用蹲姿。

二、采用蹲姿时的注意事项

(1)不要突然下蹲。蹲下来的时候,不要速度过快。当自己在行进中需要下蹲时,要特别注意这一点。

(2)不要离人太近。在下蹲时,应和身边的人保持一定距离。和他人同时下蹲时,更不能忽略双方的距离,以防彼此"迎头相撞"或发生其他误会。

(3)不要方位失当。在他人身边下蹲时,最好是和他人侧身相向。正面他人,或者背对他人下蹲,通常都是不礼貌的。

(4)不要毫无遮掩。在大庭广众面前,尤其是身着裙装的女性,特别要防止双腿叉开。

(5)不要蹲在凳子或椅子上。有些人有蹲在凳子或椅子上的生活习惯,但在公共场合这么做是不恰当的。

三、蹲姿的训练方法

(1)加强腿部、膝关节、踝关节的力量和柔韧性训练,具体方法是压腿、踢腿、活动关节。

(2)有意识、主动、经常地进行标准蹲姿的练习,以形成良好的习惯。

第五节　笑　容

一、职业中的笑容标准

在服务工作中,微笑有重要意义。微笑服务是一种美德,是热情待客的表现;笑迎天下客是服务工作的宗旨,是与客人打交道的最基本的态度。

职场中的笑容标准如下(如图7-5-1所示)。

嘴唇:上下嘴唇应以脸部中间线为基准对称。

牙齿:应该整齐,且没有明显修补痕迹;让大部分上排牙齿外露,最好把下排牙齿隐藏在唇内。

宽度:嘴唇咧开宽度应达到脸部的二分之一。

牙龈:尽量少露出,如果露出牙龈,应在2毫米以内。

图7-5-1

二、笑容训练的基本方法

笑容中最重要的是嘴型。要想展现美丽自然的笑容,必须锻炼脸部肌肉。

1. 放松肌肉

放松嘴唇周围肌肉是微笑练习的第一阶段,又称"哆来咪练习"。嘴唇周围肌肉放松运动应从低音哆开始,到高音咪结束,大声清楚地将每个音说三次;不是连着练习,而是一个音节一个音节地发音,通过正确发音来锻炼嘴唇周围的肌肉。

2. 给嘴唇周围肌肉增加弹性

微笑时最重要的部位是嘴角。锻炼嘴唇周围的肌肉,使嘴角快速移动到位,可以有效预防皱纹的出现。

挺直背部,坐在镜子前面,反复练习以下动作。

(1) 张大嘴。使嘴周围的肌肉最大限度地伸张。张大嘴能感觉到腭骨受刺激的程度,并保持这种状态10秒。

(2) 嘴角用力。闭上嘴,拉紧两侧的嘴角,使嘴唇在水平方向紧绷,并保持10秒。

(3) 聚拢嘴唇。在嘴角用力的状态下,慢慢地聚拢嘴唇。嘴唇圆圆地卷起来聚拢在一起时,保持10秒。

(4) 保持微笑30秒。反复进行这一动作3次左右。

用门牙轻轻地咬住木筷子(如图7-5-2所示),把嘴角对准木筷子,两边都要翘起,并观察嘴唇两端是否与木筷子在同一水平线上。保持这个状态10秒。在这一状态下,轻轻地拔出木筷子,维持此种状态。

3. 微笑

微笑练习是在放松的状态下,根据嘴形练习各种笑容的过程,练习的关键是使嘴角上升的程度一致。如果嘴角歪斜,表情就不会

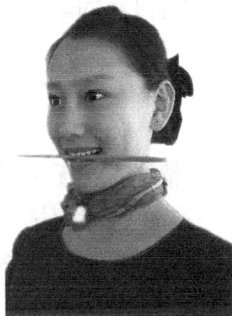

图7-5-2

太好看。在练习各种笑容的过程中,可以发现最适合自己的微笑。

(1)小微笑。嘴角两端往上提,使上嘴唇有拉上去的紧绷感。稍微露出两颗门牙,保持10秒之后,恢复原来的状态并放松。

(2)普通微笑。慢慢使肌肉紧张起来,嘴角两端往上提,使上嘴唇有拉上去的紧绷感。露出上门牙6颗左右,保持10秒后,恢复原来的状态并放松。

(3)大微笑。拉紧嘴唇周围肌肉,使之紧绷起来,同时嘴角两端往上提,露出10颗左右的上门牙,也稍微露出下门牙。保持10秒后,恢复原来的状态并放松。

4. 保持微笑

调整到最适合自己微笑动作后,维持该表情30秒以上。

5. 修正微笑

虽然认真地进行了训练,但如果笑容还是不那么完美,就要寻找其他方法进行修正。

(1)嘴角上升时会歪向一侧。两侧的嘴角不能一起上升的人很多,利用木制筷子进行训练可以有效改善这个缺点。刚开始时会比较难,但若反复练习,就会矫正过来。

(2)笑时露出牙龈。笑的时候露出很多牙龈的人,往往会在笑的时候没有自信,不是遮住嘴笑,就是腼腆地笑。自然的笑容可以弥补露出牙龈的缺点,但若本人太在意,就很难笑得自然。通过嘴唇肌肉的训练可以弥补这个缺点。

(3)挑选满意的笑容。以各种形态尽情地试着笑,在其中挑选最满意的笑容,然后确认能看见多少牙龈,能看见2毫米以内的牙龈就很好看。

(4)反复练习满意的笑容。照着镜子,试着笑出前面所述的笑容。在稍微露出牙龈情况下,反复练习。

如果希望在大微笑时不露出过多牙龈,就要给上嘴唇稍微加力,拉下上嘴唇,保持这个状态10秒。

三、练习笑容的要领与注意事项

(1)放松面部肌肉,然后使嘴角微微向上翘起,让嘴唇略呈弧形。最后,在不牵动鼻子、不发出笑声、不露出牙齿,尤其是不露出牙龈的前提下,轻轻一笑。

(2)闭上眼睛,调动感情,发挥想象力,或者回忆美好的过去,或者展望美好的未来,使微笑源自内心。

(3)对着镜子练习,使眉、眼、面部肌肉、口形在微笑时和谐统一。

(4)当众练习。按照要求,当众练习,使微笑规范、自然、大方,克服羞涩和胆怯的心理。可以在同学之间互相评议后,再对不足进行纠正。

四、微笑的拓展练习

(1)加强心理素质的锻炼,增强自控力。每个人不可避免的都会有烦恼和痛苦,但是这种情绪不能无所顾忌地带到工作中去。因此,心理素质的锻炼是必不可少的。

(2)情绪记忆。将生活中最美好的记忆牢记在心,在需要微笑的时候,经常回忆那些美好的东西,会使微笑更加自然和大方。

(3)对镜练习。对着镜子练习微笑,调整自己的嘴形、面部其他部位和眼神,找到自己认为较为完美的状态。经常进行练习,形成习惯。

（4）加强必要而严格的训练。除上述心理素质、情绪记忆的训练外，还可以适当地借助某种技术上的辅助，如借助普通话中的"茄子""田七""前"等的发音来进行口型训练。

学 法 指 导

1. 学习要点:各种基本姿态的动作要领、练习方法。
2. 延伸学习:对着镜子练习各种规范的基本姿态,在生活中时刻提醒自己保持规范的姿态。

思考与练习

1. 各种基本姿态的标准是什么？对照标准检测自身的形体姿态,在生活中进行反复训练。

2. 怎么才能练习好微笑？除本书介绍的方法外,你还能找到训练微笑的其他有效方法吗？

3. 如何改变自身不良的形体姿态？

第八章 形体姿态练习

通过各种扶把练习、中间动作练习和舞蹈动作练习,提高机体的柔韧性和力量,增强身体的协调性与肌肉的控制能力,培养较强的节奏感,提高对美的鉴赏力,塑造完美体形。

第一节 扶把练习

一、脚位、手形及手位

1. 脚位(如图 8-1-1 所示)

一位:双脚脚跟相靠,脚尖向外打开成"一"字形,双腿大腿内侧肌相夹。

二位:在一位的基础上,双脚脚跟分开,间隔一只脚的距离。

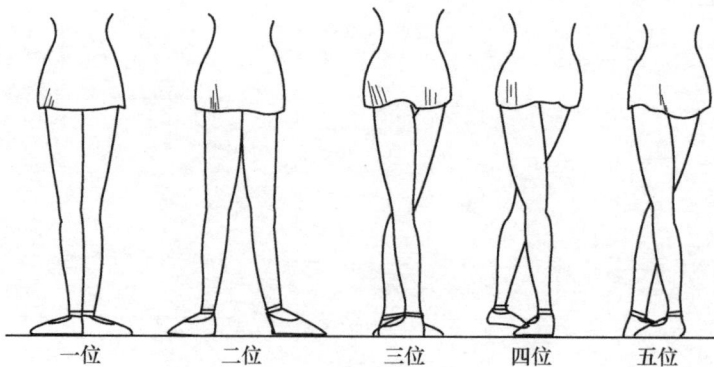

| 一位 | 二位 | 三位 | 四位 | 五位 |

图 8-1-1

三位：在二位的基础上，一脚脚跟向另一脚的中心位靠拢，双腿伸直夹紧。

四位：保持双脚外开状，一脚在前，一脚在后，形成两条平行线，身体重心在双脚中间。

五位：在四位的基础上，双脚相靠并拢，双腿大腿夹紧。

2. 手形及手位

（1）手形。

五指自然放松，大拇指指向手心，略向中指靠拢，食指略伸，其他三指自然靠拢。

（2）手位（如图8-1-2所示）。

一位：双肩自然下垂，双臂从肩膀到手指在身体前成椭圆形，腋下微张开，双肘略向前，手心向上，双手指尖相距一拳左右。

二位：保持一位姿态，双手小臂主动向上抬至与胃部平行，手心向里。

三位：保持二位姿态，双手向上抬至头顶上方，手心向对。

四位：一手臂保持三位不动，另一手臂从三位回到二位。

五位：三位手保持不动，二位手用手背带动，将手臂向旁打开。

六位：打开到旁边的手臂保持不动，三位手下到二位。

七位：打开到旁边的手臂保持不动，二位手用手背带动，将手臂向旁打开。

| 一位 | 二位 | 三位 | 四位 | 五位 | 六位 | 七位 |

图8-1-2

（3）手位练习要点。

手位练习中最容易出现的问题是肘关节位置不当，如一位手时肘关节容易贴身，二位手时肘关节容易下沉，三位手时肘关节容易前冲，七位手时肘关节容易下垂；同时还需注意不要耸肩，要压肩，让颈部尽量显得长一点。

二、擦地绷脚练习

擦地绷脚练习可在手位练习的一位脚或五位脚的位置上向前、侧、后做。该练习主要是通过用力蹦脚、立脚趾来延伸腿的长度，从而增强腿部肌肉、腿部关节的力量。

准备姿态：脚站五位，一手扶把，一手七位。

做法：支撑腿固定好重心，同时动作腿用脚跟带动慢慢离地推出脚背，脚尖逐渐向前擦地，整条腿向前延伸，脚趾尖点地，将脚背完全凸出（如图8-1-3所示）。收回时，脚由脚趾带动，经脚掌落地慢慢擦回。

向侧方擦地绷脚练习的要求同向前擦地绷脚练习，不同的是动作腿向身侧沿地面擦出，将动作腿尽量向侧方伸长，脚趾点地立起，脚背推向最高点，然后脚由脚趾带动，经脚掌落地慢慢擦回（如图8-1-4所示）。向后擦地绷脚练习同向前擦地绷脚练习，只是动作腿用脚尖带动向后擦出,将脚向后延伸,用脚的大趾外侧点地,脚心对外。收回时,脚由脚跟带动,经脚掌使脚慢慢擦回(如图 8-1-5 所示)。

图 8-1-3

图 8-1-4

图 8-1-5

三、下蹲练习

1. 下蹲练习的方法

下蹲一般分为半蹲和全蹲。练习时,要求上体保持直立,收腹、收臀,膝关节的中心点对着脚的中趾尖,逐渐弯曲膝关节,直至脚跟不离开地面到最大限度为半蹲;继续下蹲,脚跟离开地面,大小腿之间的距离最接近时为全蹲。在练习中,腿部应该具备一种内在的对抗性力量,下蹲时,腿本身不愿意弯曲,但有一股力量强迫其往下蹲。立起时,上身好像压着一副重担,腿部要用很大的力量才能站起来。

下蹲训练主要围绕膝关节运动,下蹲时,大腿前群肌肉、小腿后群肌肉必然拉长。肌肉是富有弹性的,好似皮筋一样,拉得长才能弹得远,但是张力大比张力小的皮筋的力量要大、弹得也更远。内在的对抗性力量,就是在下蹲过程中,腿部肌肉要主动收紧,而不是处在自然状态下拉长。

2. 下蹲练习的要求

蹲起力量必须是平均的、连贯的,慢蹲时要起伏平均,快蹲时要快中有控制。

下蹲的训练先从半蹲开始再到全蹲,训练节奏从慢速到中速。

四、小弹腿、小踢腿练习

准备姿态:参照手位练习动作脚站五位,一手扶把,一手七位。

做法:动作腿向侧方踢腿 25°,脚尖带动小腿快速地向支撑腿踝前有力地打击(如图 8-1-6 中 1 所示);小腿向前弹出 25°(如图 8-1-6 中 2 所示),略停顿后,继续向支撑腿脚踝前部打击,再向侧方快速弹出(如图 8-1-6 中 1 所示);向后做时,小腿要快速打击脚踝后部(如图 8-1-6 中 3 所示),再快速地向后弹出(如图 8-1-6 中 4 所示)。也可继续从后向前做。

注意:弹腿与打击的速度要快而有力;弹出时要有控制,不能放松、乱晃;动作腿要绷直,支撑腿稳固好重心,后背挺直。小踢腿要把力量灌注到脚尖上,用脚尖作动力,要有一定的爆发力。动作时,支撑腿保持重心的稳定,腿踢出时要有停顿,脚收回时,大腿内侧肌要夹紧。

1　　　　　　2　　　　　　3　　　　　　4

图 8-1-6

五、扶把组合动作练习

1. 擦地组合

每小节 8 拍,共 16 小节。

① 右脚擦地练习。

准备拍:双手扶把,面向把杆双脚一位站立。

第 1 小节:右脚向旁擦地。

第 2 小节:右脚由旁向回擦地收回。

第 3 小节:第 1~4 拍右脚向旁擦地;第 5~8 拍由旁向回擦地收回一位。

第 4 小节:右脚重复第 3 小节。

第 5 小节:第 1~2 拍右脚向旁擦地;第 3~4 拍脚掌半勾;第 5~6 拍脚掌全勾;第 7~8 拍右脚脚尖点地。

第 6 小节:第 1~4 拍右脚由旁向前擦地画圈;第 5~8 拍由前向后擦地收回一位。

第 7 小节:第 1~4 拍右脚绷脚向前擦地;第 5~8 拍由前向后擦地收回一位。

第 8 小节:第 1~4 拍右脚绷脚向旁擦地;第 5~8 拍由旁向回擦地收回一位。

第 9 小节:第 1~2 拍右脚向后擦地;第 3~4 拍脚掌半勾;第 5~6 拍脚掌全勾;第 7~8 拍脚尖点地。

第 10 小节:第 1~4 拍右脚由后向旁擦地画圈;第 5~8 拍由旁向回擦地收回一位。

第 11 小节:第 1~4 拍右脚向前擦地;第 5~8 拍右脚一位向后擦地;脚尖点地至大弓步;重心置于左脚;手臂伸直,延伸至后背。

第 12 小节:第 1~4 拍右脚不动,起身立背;第 5~8 拍向后擦地再向前收回一位。

第 13 小节:第 1~4 拍右脚向后擦地;第 5~8 拍向后擦地再向前收回一位。

第 14 小节:第 1~4 拍右脚向旁擦地;第 5~8 拍由旁向回擦地收回一位。

第 15 小节:第 1~8 拍右脚向前擦地的同时屈膝半蹲;身体向后移动重心;头看向右肩延长线。

第 16 小节:第 1~8 拍右脚收回一位。

② 左脚擦地练习,动作同上,换左脚练习。

准备拍:双手扶把,面向把杆双脚一位站立。

第 1 小节:左脚向旁擦地。

第 2 小节:左脚由旁向回擦地收回。

第 3 小节:第 1~4 拍左脚向旁擦地;第 5~8 拍由旁向回擦地收回一位。

第 4 小节:左脚重复第 3 小节。

第 5 小节:第 1~2 拍左脚向旁擦地;第 3~4 拍脚掌半勾;第 5~6 拍脚掌全勾;第 7~8 拍左脚脚尖点地。

第 6 小节:第 1~4 拍左脚由旁向前擦地画圈;第 5~8 拍由前向后擦地收回一位。

第 7 小节:第 1~4 拍左脚绷脚向前擦地;第 5~8 拍由前向后擦地收回一位。

第 8 小节:第 1~4 拍左脚绷脚向旁擦地;第 5~8 拍由旁向回擦地收回一位。

2. 蹲的组合

准备拍:脚一位站立;左手扶把;右手一位。

右手从一位经过二位打开至七位。

第 1~2 小节:脚一位半蹲,同时手从七位经过一位至二位,眼随手动。

第 17~18 小节:脚二位蹲,同时手从七位经过一位至二位,眼随手动。

第 25~26 小节:脚二位全蹲,同时手从七位经过一位至二位。

第 33~34 小节:脚五位半蹲,同时手从七位经过一位至二位。

第 41~42 小节:脚五位全蹲,同时手从七位经过一位至二位。

第 49~50 小节:脚四位半蹲,同时手从七位经过一位至二位。

第 55~56 小节:脚四位全蹲,同时手从七位经过一位至二位。

第 59~60 小节:右手扶把,左脚旁开吸腿,绷脚至右脚内侧。

3. 小弹腿组合

每小节 8 拍,共 16 小节。

准备姿态:左手扶把,右手一位,右脚在前,五位站立。准备拍一小节,右手打开七位,同时右脚向旁擦地抬起与地面呈 25°,并迅速向支撑腿前踝部击打。

第 1 小节:右腿向前弹出与地面呈 25°。

第 2 小节:右腿向支撑腿前踝部拍打。

第 3 小节:同第 1 小节。

第 4 小节:同第 2 小节。

第 5 小节:右脚向旁弹出与地面呈 25°,手七位。

第 6 小节:右脚向支撑腿旁脚跟部拍打,手七位。

第 7 小节:同第 5 小节。

第 8 小节:同第 6 小节。

第 9 小节:右腿向后弹出与地面呈 25°,手七位。

第 10 小节:右腿向支撑腿后脚跟部拍打。

第 11 小节:同第 9 小节。

第 12 小节:同第 10 小节。

第 13~14 小节:做与第 5~8 小节相同的动作。

第 15~16 小节:第一拍右腿向旁弹出;第二拍收脚五位半蹲还原。结束时脚收回,手一位。

4. 小踢腿组合

每小节 8 拍,共 16 小节。

准备拍:第 1~4 拍右脚在前,脚五位;左手扶把,右手一位;第 5~6 拍手向上至二位;

第 7~8 拍手向旁打开至七位。

第 1 小节：第 1~4 拍右脚向前擦地前踢与地面呈 25°，控制不动；第 5~8 拍脚尖擦地收回。

第 2 小节与第 1 小节动作相同。

第 3 小节：第 1~4 拍右脚向旁擦地踢出与地面呈 25°，控制不动；第 5~8 拍脚尖擦地收回。

第 4 小节与第 3 小节动作相同。

第 5 小节：第 1~4 拍右脚向后擦地踢出与地面呈 25°，控制不动；第 5~8 拍脚尖擦地收回。

第 6 小节与第 5 小节动作相同。

第 7 小节：第 1~4 拍右脚向前擦地踢出与地面呈 25°，控制不动；第 5~8 拍脚尖点地向旁画圈擦地收回。

第 8 小节：第 1~拍 4 右脚向后擦地踢出与地面呈 25°，控制不动；第 5~8 拍脚尖点地向旁画圈擦地向左转身收回，右脚在后，脚五位；手收回至一位。

第 9~10 小节与第 1~2 小节动作相同，唯方向相反。

第 11~12 小节与第 3~4 小节动作相同，唯方向相反。

第 13~14 小节与第 5~6 小节动作相同，唯方向相反。

第 15~16 小节与第 7~8 小节动作相同，唯方向相反。

第二节　中间动作练习

一、跳跃练习

一位脚站立，双手一位。半蹲，双脚快速推地绷脚跳起，空中双腿伸直绷脚（如图 8-2-1 所示），落地半蹲，还原时双腿伸直。注意：原地小跳离地不要太高，脚踝快速有力、灵活地推起小跳。脚下动作除运用于一位脚练习小跳外，也同样运用于五位脚小跳。

图 8-2-1

二、中间动作组合练习

1. 原地一位小跳

每小节 8 拍，共 16 小节。

准备姿态：脚站一位，双手一位。准备拍两小节，最后一拍半蹲后半拍跳起。

第 1~2 小节：第一拍往上跳起连续跳两次；第二拍半蹲后半拍跳起。

第 3~8 小节：重复第 1~2 小节动作。

第 9~16 小节：重复第 1~8 小节动作。

2. 变位跳组合

每小节 8 拍，共 16 小节。

准备姿态：脚站一位，双手一位。准备拍两小节，第一拍双手从一位转为七位；第二拍双手从七位回一位。

第1小节:第一拍脚一位半蹲跳起两次;第二拍落地变脚二位蹲,手从一位变七位。

第2小节:第一拍脚二位半蹲跳起两次;第二拍落地变右脚在前,脚五位蹲的同时身体向八点,双手至一位。

第3小节:第一拍脚五位半蹲跳起两次;第二拍落地变右脚在前,四位蹲的同时身体向八点,双手至七位。

第4小节:第一拍脚四位半蹲跳起一次,落地变五位脚,右脚在前跳一次;第二拍由五位脚变成一位脚,双手从七位变成一位。

第5~7小节:同第1~3小节动作往相反方向做,左脚在前。

第8小节:第一拍脚四位半蹲,右脚向旁擦地跳;第二拍手脚同时收回一位。

第9~10小节:同第1~2小节动作,往相反方向做。

第11~12小节:同第3~4小节动作,往相反方向做。

第13~14小节:同第5~6小节动作,往相反方向做。

第15~16小节:同第7~8小节动作,往相反方向做。

第三节　舞蹈动作练习

一、基本舞蹈步伐练习

1. 插秧步

准备姿态:右脚在后五位站立,双手一位。

做法:半蹲,同时右脚后小掖腿,左手到二位,右手到七位(如图8-3-1中1所示);右脚落地半脚尖,左脚前小吸腿,双手打开七位(如图8-3-1中2所示);左脚落地半脚尖,同时右脚前小掖腿(如图8-3-1中3所示)。右脚落地半蹲,同时左脚后小掖腿,手六位(如图8-3-1中4所示)。

图8-3-1

2. 波浪步

准备姿态:左脚在前五位站立,双手七位。

做法:音乐是3/4拍,准备拍最后一拍半蹲,同时右脚绷脚向旁擦出与地面呈25°,左腿伸直并于第一、二拍立半脚尖,左脚落地,半脚尖立起,右脚绷脚伸直略离地面(如图8-3-2中1所示);第三拍,右脚落地半蹲,同时左脚后小掖腿(如图8-3-2中2所示);左右脚交替练习。

图 8-3-2

二、舞蹈组合动作练习

每小节 8 拍,共 24 小节。

准备姿态:脚一位站立,双手一位。准备拍两小节,第 1 小节双手打开至七位;第 2 小节双手收回一位。

第 1~2 小节:第 1~4 拍脚向右做波浪步;第二拍脚向左做波浪步。

第 3~4 小节:同第 1~2 小节动作。

第 5~6 小节:第一拍右脚擦地到二位半蹲,双手打开至七位;第二拍伸直腿向右下旁腰,左脚尖点地,右手二位,左手三位,眼随手走。

第 7~8 小节:第一拍身体还原,手到七位,重心在右脚;第二拍收左脚,双手还原一位。

第 9~10 小节:第一拍身体向二点方向上步,脚做波浪步;第二拍身体向六点方向后做波浪步。

第 11~12 小节:同第 9~10 小节动作。

第 13~14 小节:第一拍右脚在前五位站立,手同时到三位,右脚立半脚尖小碎步向左转 90°,眼随手走;第二拍继续身体左转 90°小碎步到一点方向。

第 15~16 小节:第一拍保持手脚位置,身体向右下旁腰,眼睛看向斜下方;第二拍做相反方向。

第 17~18 小节:第一拍双脚五位放下,双手从三位落到一位的同时右腿往前 25°上步,双手从一位经过二位到七位;第二拍做相反方向。

第 19~20 小节:第一拍头从左到右在空中划抛物线,由呼吸带动身体;第二拍做相反方向。

第 21~22 小节:第一拍左脚在前,小碎步身体向右转 90°,手同时到二位;第二拍身体向左转 90°。

第 23~24 小节:行礼。

三、交谊舞练习

交谊舞是起源于西方的一种舞蹈形式,又称舞厅舞(Ballroom Dancing)、舞会舞(Party Dancing)、社交舞(Social Dancing)。

跳交谊舞可以改善人体骨骼、肌肉的功能,提高人体的协调性,特别是人控制重心的能力。舞者走路的姿势也可能发生变化,特别是脚着地的方式和对踝关节的控制,从而可以达到强身健体的效果。

1. 交谊舞的基本知识

（1）标准握持。

在现代舞里，除探戈外，所有舞种的标准握持都是一样的。其要点如下。

① 脚。双脚平行并拢，切不可八字形张开；右脚尖对准舞伴的双脚之间；重心集中于前脚掌，但不能抬起脚跟。

② 手。男伴的右手掌心向里，扶在女伴左侧肩胛骨下缘；从肘尖直到指尖形成一条直线，呈斜角状自然斜垂，五指并拢，既不要凸起手腕，更不能用手背来控舞；大臂基本平肩，并呈椭圆形展开。女伴左手轻放在男伴右大臂三角肌处；四指并拢，用虎口定位；整个手臂轻放在男伴手臂之上，不可脱离接触，如图 8-3-3 所示。

男伴左手和女伴右手对握，掌根与地面垂直，并互相顶住，整个手臂呈圆弧状向斜上方展开，犹如轻松自如地合撑着一把遮阳伞，如图 8-3-4 所示。手的高度一般在齐耳根和齐眉之间的某一固定点，视环境的需要而定。例如，在大型体育馆里应高一些，在小型舞厅中则应适当低一些。

图 8-3-3

图 8-3-4

③ 头和视点。在保持双方肩横线平行的前提下，各自的头部向左侧 45°侧转，双眼平视前方。女伴还应充分利用胸椎和颈椎的关节功能，从剑突部位起，让胸椎后展 15°、颈椎再后展 15°，呈挺拔式弯曲，造成特有的女性曲线美。注意：切勿理解为往后躺腰或挺腹。

（2）舞程线。

舞程线及其方位概念，是标准舞的理论基础之一。舞程线是指舞蹈者运行的方向，必须沿逆时针方向围绕着舞池中央做连续发展式运动。通常，人们习惯把靠近主席台一侧的那条线称为 A 线，依次是 B 线、C 线、D 线，再回到 A 线，如此往复循环。

2. 交谊舞的种类

交谊舞分为两大类，第一大类是摩登舞（Modern Dancing），也称现代舞或体育舞蹈，有华尔兹、维也纳华尔兹、布鲁斯、狐步、快步、探戈、吉特巴等舞种；第二大类是拉丁舞，有伦巴舞、恰恰舞、牛仔舞、桑巴舞等舞种。

（1）华尔兹的基本舞步。

华尔兹的基本舞步结构由前进（或后退）、横移、并脚三步构成。

（2）布鲁斯的基本舞步。

布鲁斯的基本舞步分为慢步和快步。慢步又叫常步，两拍运行一步；快步的典型表现为一拍运行一步。

标准跳法的快慢变化则很不规则，完全根据舞步的自然性发展的需要进行快慢交替，由三步、四步、五步,甚至更多的步数构成的各种旋回,但基本旋回仍旧是四步结构。

（3）狐步的基本舞步。

狐步的基本舞步也是由慢步和快步构成的,慢步两拍运行一步,快步一拍运行一步。它和布鲁斯的舞步是完全相同的,因此很多人会将这两种舞步混淆。但只要从空间形态上看,就能发现它们之间的区别。

（4）快步的基本舞步。

快步的基本舞步的结构与布鲁斯和狐步的舞步有很多相似之处。例如,都由快慢步构成,慢步都是两拍运行一步,快步都是一拍运行一步。但由于舞曲节奏不同,舞步的形态也随之改变,活泼的急速流动和轻快的跳跃性变化,使舞步的运动近似奔跑和跳跃,因而具有相对的难度。舞步中的快步多以并式形态出现,而且外侧体位和滑步的应用也比较多。练习中,要特别注意领舞的技巧和跟舞的配合,否则很容易发生碰撞。

学 法 指 导

1. 学习要点:注意各种练习的动作要领与身体姿态的控制;动作与音乐的配合要协调一致。

2. 延伸学习:交谊舞步的基本步伐与花样步伐。

思考与练习

除本书中介绍的练习方法外,你还知道哪些方法可以锻炼形体姿态?

第九章　时尚形体训练方法

通过本章的学习,了解时尚形体训练项目的锻炼价值,掌握时尚形体训练项目的练习方法。

第一节　形体瑜伽训练

一、什么是瑜伽

瑜伽在印度已经流传数千年,是印度悠久智慧的结晶,有关瑜伽的文献早在 5000 年前就已经出现。瑜伽能给予我们的远远不止一些体能锻炼,它还是生活平衡的哲学,也是人类充分发挥潜力的途径之一。在这个高速运转的高科技时代里,瑜伽能帮助人们实现自我的和谐、人与人之间的和谐、家庭的和谐、社会的和谐、人与自然的和谐。从这个层面上理解,瑜伽是一种强调身体和心灵和谐统一的运动方式。

二、瑜伽的特点

(1)瑜伽动作柔和,可以有效避免运动伤害,从小孩到老人,甚至孕妇都可以在专业人员的指导下进行练习。

(2)瑜伽不受场地、时间和经济条件的限制。练习瑜伽只需要很小的空间,不需要昂贵的健身器材,有一个安静的角落、一块洁净的垫子和一颗纯净的心即可。

(3)瑜伽对身体的全方位调节和锻炼可以起到辅助医疗的作用。

(4)瑜伽拥有一套完整的体系。博大精深的实践与理论体系,使得瑜伽早已超越了一般体育运动的范畴。瑜伽最显著的特点就是具有对心灵的调节作用,使身体和心灵和谐统一。

三、瑜伽的呼吸

1. 腹式呼吸

腹式呼吸是瑜伽中最基础,也是最重要的一种呼吸方式,是学习其他呼吸方式的基础。腹式呼吸是通过收缩和扩张腹腔,加大横膈膜的活动来完成练习的。腹式呼吸的要领是:吸气时,最大限度地向外扩张腹部;呼气时,最大限度地向内收缩腹部;循环反复,保持每次呼吸的节奏一致。

2. 瑜伽式呼吸

瑜伽式呼吸结合了腹式呼吸等呼吸方法,使呼吸达到最好效果。瑜伽式呼吸的要领是:慢慢吸气,感觉腹部扩张,接着胸腔扩张,最后感觉空气进入上胸部;吐气时,空气会首先离开肺的底部,然后是中部,最后是上部。瑜伽式呼吸的过程应该是顺畅、轻柔的,各个阶段不能分开来做,要一气呵成。

四、瑜伽体位法

1. 拜日式

（1）呼气,双手胸前合掌,手肘向两侧打开（如图9-1-1所示）。

（2）吸气,双臂贴于耳朵两侧向后伸展,身体向后仰（如图9-1-2所示）。

（3）呼气,上身向前弯曲,腹部尽量贴近大腿,双手触地（如图9-1-3所示）。

图9-1-1　　　　　　　　　图9-1-2　　　　　　　　　图9-1-3

（4）吸气,双手不动,左腿向后伸,头向上抬（如图9-1-4所示）。

（5）屏住呼吸,将右腿向后伸,双手、双脚支撑全身（如图9-1-5所示）。

（6）呼气、膝盖着地,臀部保持抬高,胸部贴地（如图9-1-6所示）。

图9-1-4　　　　　　　　　图9-1-5　　　　　　　　　图9-1-6

（7）吸气,抬头,身体向上挺起,双腿并拢贴地（如图9-1-7所示）。

（8）呼气,头向下垂,放于双臂之间,身体呈"倒V"姿势（如图9-1-8所示）。

图9-1-7

图9-1-8

（9）吸气，右脚向前跨出，回到如图9-1-4所示的动作。

（10）双手不动，边呼气边把左脚收回，双腿并拢，回到如图9-1-3所示的动作。

（11）吸气，双手慢慢举过头顶，身体向后仰，回到如图9-1-2所示的动作。

（12）呼气，双手放于腿侧，回到如图9-1-1所示的动作。

2. 鱼式

（1）仰卧，双手掌心贴地，放于臀部之下，双腿伸直并拢。

（2）手肘弯曲，上半身离开地面，膝盖伸直（如图9-1-9所示）。

（3）吸气，头向后仰，顶地，身体向上抬，尽量扩胸（如图9-1-10所示）。

图9-1-9

图9-1-10

3. V式

（1）坐姿，右手握住右脚掌，右腿向上伸直抬起（如图9-1-11所示）。

（2）呼气，左手握住左脚掌，同时，左脚跟离开地面，用臀部保持身体平衡。

（3）将左脚向上伸直，呼气，保持双腿和脊椎的直立（如图9-1-12所示）。

图9-1-11

图9-1-12

4. 摇摆弓式

（1）俯卧，小腿向上弯曲，双手抓住脚背（如图9-1-13所示）。

（2）吸气，身体向上抬起，双手拉住脚背，同时抬腿（如图9-1-14所示）。

5. 轮式

（1）仰卧，双膝弯曲，脚跟贴近臀部，双手抓住脚踝（如图9-1-15所示）。

（2）臀部用力向上顶起，缓慢深呼吸（如图9-1-16所示）。

（3）保持身体姿势,双手离开脚踝,撑于耳朵两侧。

（4）手肘伸直,腰部用力向上顶起(如图9-1-17所示)。

图9-1-13　　　　　　　　　　　　　　图9-1-14

图9-1-15　　　　　　　图9-1-16　　　　　　　图9-1-17

6. 新月式

（1）左腿90°弯曲,右腿向后伸直,双手撑于左脚两侧(如图9-1-18所示)。

（2）腿部姿势保持不变,上身抬起,双手合掌于胸前(如图9-1-19所示)。

（3）腿部姿势保持不变,双臂贴于耳朵两侧向后伸展,下胸腰,身体向后仰(如图9-1-20所示)。

图9-1-18　　　　　　　图9-1-19　　　　　　　图9-1-20

7. 舞王式

（1）身体直立,右腿小腿弯曲,右手抓住右脚脚背,左手上举(如图9-1-21所示)。

（2）右手抓紧右脚尽量向上抬高,左手放平向前伸展(如图9-1-22所示)。

图9-1-21　　　　　　　　　　　　　　图9-1-22

五、形体瑜伽组合动作

形体瑜伽组合动作如图 9-1-23 所示。

1　　　　2　　　　3　　　　4

以上动作左右各练习 5 次

1　　　　2　　　　3　　　　4

以上动作左右各练习 5 次

1　　　　2

3　　　　4

以上动作左右各练习 5 次

图 9-1-23

第二节　形体芭蕾训练

一、形体芭蕾的训练方式

芭蕾给人一种优雅庄重的美感。将芭蕾的形体艺术与日常健身结合起来,既有芭蕾的优雅,又简单易学,这就是形体芭蕾。形体芭蕾借助芭蕾的基本元素,力求简单、有效地分解芭蕾动作,将芭蕾的几个特征,如开、绷、直等有机地融入形体训练中,有重点地锻炼人体形态。形体芭蕾以健身、塑造体形、培养气质为目的,主要有地面素质训练、扶把训练、脱把训练等基本训练方式。

（1）地面素质训练包括地面勾绷脚、盘脚压胯、仰卧前踢腿、侧卧旁踢腿、俯撑后踢腿、腰部训练、仰卧大踢腿等内容。这些动作可以打开肩部和胯部关节韧带,加强腰的柔韧性,增强腿部和后背肌群的弹性和力量。

（2）扶把训练是指在训练时扶着固定的物体进行训练,常见的有擦地、蹲、小踢腿、画圈等动作。同时,单腿蹲和小弹腿、压前腿、压旁腿、压后腿也是相当重要的训练动作。这些动作可以锻炼人的脊柱、臀部、脚踝、上臂,从而培养优雅和高贵的气质。

（3）脱把训练难度较大,动作分为手位训练,如手臂波浪形舞动、脚画圆等动作。与前面的训练相比,脱把训练增加的练习有跳跃练习,包括小跳、中跳和大跳。小跳还可以分为一位小跳、二位小跳、五位小跳。中跳是随后的训练,以原地跳为主,分为一位中跳、二位中跳、单起双落方法和双起单落方法。最后就是大跳。以上训练既能训练身体的基本机能,又能调整身体的基本姿态,并能灵活自如地运用到芭蕾中去。

二、芭蕾舞姿组合

（一）舞蹈的方位点说明

方位点是用于规范舞蹈者面向、走向的专业术语,共八个方位,以顺时针方向开始,分别是场地正前方为一方位,也称一点方向;场地的右前方为 2 方位,也称二点方向;场地的右方为 3 方位,也称 3 点方向;场地的右后方为 4 方位,也称四点方向;场地的正后方为 5 方位,也称五点方向;场地的左后方为 6 方位,也称六点方向;场地的左方为 7 方位,也称七点方向;场地的左前方为 8 方位,也称八点方向。（如图9-2-1）

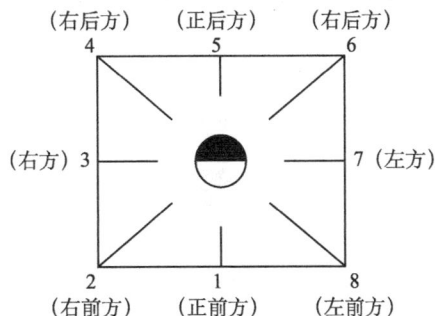

图 9-2-1

（二）芭蕾舞姿组合

准备位:1~4拍,左腿前五位;5~6拍,双手小七位打开(如图9-2-2所示);7~8拍,收回准备位。

1×8拍:1~2拍,双手打开到二位(如图9-2-3所示)。

图9-2-2

图9-2-3

3~4拍,左脚向旁擦地滑出,同时双手打开七位(如图9-2-4所示)。

5~6拍,身体重心换到左脚,右脚旁点地。

7~8拍,右脚收回前五位,身体转向八点方向(如图9-2-5所示)。

图9-2-4

图9-2-5

2×8拍:1~4拍,五位蹲,起身的同时双手打开到二位(如图9-2-6所示)。

5~6拍,双手打开到五位(如图9-2-7所示)。

7~8拍,右脚向前擦地滑出(如图9-2-8所示)。

图9-2-6

图9-2-7

图9-2-8

3×8 拍:换手转胸腰,旁(如图9-2-9 所示)、后(如图9-2-10 所示)、旁(如图9-2-11 所示),最后一拍身体立直,回到第二个八拍的第八拍动作(如图9-2-8 所示)。

图9-2-9　　　　　　　　　图9-2-10　　　　　　　　　图9-2-11

4×8 拍:1~2 拍,五位蹲,双手经过七位回到一位(如图9-2-12 所示)。

　　3~4 拍,身体重心换到右脚,左脚后点地,左手前、右手旁打开(如图9-2-13 所示)。

　　5~8 拍,抬起左腿,身体姿势保持不变(如图9-2-14 所示)。

图9-2-12　　　　　　　　　图9-2-13　　　　　　　　　图9-2-14

5×8 拍:1~4 拍,保持如图9-2-14 所示的动作,右腿下蹲。

　　5~8 拍,并脚转,双手到三位(如图9-2-15 所示)。

图9-2-15

6×8 拍:1~4 拍,左脚后踏步,手一前一后打开,上身微微向后倒(如图9-2-16所示)。

5~8 拍,动作同1~4拍,往相反方向做(如图9-2-17所示)。

图 9-2-16   图 9-2-17

7×8 拍:1~4 拍,双脚五位并立,双手逐渐向二点方向延伸,身体面向二点方向(如图 9-2-18所示)。

5~8 拍,左脚前进一步,右脚后点地,双手打开至七位(如图9-2-19所示)。

图 9-2-18   图 9-2-19

8×8 拍:1~2 拍,脚收回一位,双手到二位(如图9-2-20所示)。

3~4 拍,双手到三位(如图9-2-21所示)。

5~6 拍,双手打开到到七位(如图9-2-22所示)。

7~8 拍,回到准备位,身体直立(如图9-2-23所示)。

图 9-2-20   图 9-2-21   图 9-2-22   图 9-2-23

第三节　形体健美操训练

一、形体健美操简介

形体健美操练习的主要目的是"塑造体形,锻炼身体"。形体健美操动作简单,实用性强,能够有效改善体形体态,使身体各部位比例匀称、协调。练习形体健美操对提高肌肉的弹性和关节的灵活性、形成正确的身体姿态、培养良好的气质有着重要作用。

(1) 形体健美操动作讲究优美大方、朝气蓬勃,要求动作完成有力度,因此每个动作都能有效训练身体各有关部位的正确姿势。坚持形体健美操训练,有利于练习者在特定的集体中相互交流情感、互相鼓励,以增强集体荣誉感,建立良好的人际关系,并提高对美的鉴赏能力,陶冶情操。

(2) 运动负荷大,有针对性。任何身体练习都要承受一定的运动负荷,只有适宜的运动负荷才能达到健身、健美的目的。形体健美操的运动负荷,首先应该根据练习者的年龄、性别及健康状况等进行调整;其次,练习者可以根据自己的身体、工作和生活等情况进行负荷的自我调节,以保证训练的针对性。

(3) 形体健美操不同的动作和风格,配上适宜的音乐,能体现出节奏感、韵律感和风格特征。只有按照音乐的节奏进行练习,才能使练习者获得最轻松、最愉快的体验,从而得到美的享受。

二、形体健美操组合

1×8 拍:原地踏步,双手前后摆动(如图 9-3-1 所示)。

2×8 拍:1 ~ 4 拍,踏步向前走。

5 ~ 8 拍,踏步向后走。

3×8 拍:1 ~ 2 拍,第一拍两小臂与双大臂呈 90°直角上举,双膝弯曲(如图 9-3-2 所示);第二拍回原位,身体直立。

图 9-3-1

正面动作　　　侧面动作

图 9-3-2

3 ~ 4 拍,第三拍两小臂收于胸前,双膝弯曲;第四拍回原位,身体直立,如

91

图 9-3-3 所示。

5~8 拍,重复 1~4 拍动作。

4×8 拍:1~2 拍,第一拍双手收于胸前,右腿侧点地(如图 9-3-4 所示);第二拍双手垂直放下,右膝微微弯曲(如图 9-3-5 所示)。

图 9-3-3

图 9-3-4

图 9-3-5

3~4 拍,做 1~2 拍的反方向动作。

5~8 拍,重复 1~4 拍的动作。

5×8 拍:1~2 拍,第一拍右腿侧点地,双臂伸直双手举过头顶(如图 9-3-6 所示);第二拍双手握拳收回,右脚收回屈膝。

3~4 拍,第三拍做 1~2 拍中第一拍的反方向动作;第四拍双手握拳收回,左脚收回屈膝(如图 9-3-7 所示)。

5~8 拍,重复 1~4 拍动作。

图 9-3-6

图 9-3-7

6×8 拍:1~2 拍,第一拍双手向两侧打开,左腿旁点地(如图 9-3-8 所示);第二拍双手向下收回交叉,右腿后踏步(如图 9-3-9 所示)。

3~4 拍,做 1~2 拍的反方向动作。

5~8 拍,重复 1~4 拍动作。

图 9-3-8

图 9-3-9

7×8 拍:1~2 拍,左手放于头后,右手向右伸直,左腿弯曲点跳(如图 9-3-10 所示)。

3~4 拍,做 1~2 拍的反方向动作(如图 9-3-11 所示)。

5~6 拍,重复 1~2 拍的动作。

7~8 拍,重复 3~4 拍的动作。

图 9-3-10

图 9-3-11

8×8 拍:1~2 拍,第一拍右手、右脚同时向二点方向打开(如图 9-3-12 所示);第二拍左手、左脚同时向八点方向打开(如图 9-3-13 所示)。

3~4 拍,第三拍退右脚,双手交叉收回胸前(如图 9-3-14 所示);第四拍双手收回直立。

5~8 拍,重复 1~4 拍动作。

图 9-3-12

图 9-3-13

图 9-3-14

9×8 拍:1~2 拍,第一拍双手向前伸直,手掌直立,左腿后撤,右腿前伸,右脚脚跟着地
　　（如图 9-3-15 所示）;第二拍收回直立。

　　3~4 拍,做 1~2 拍的反方向动作。

　　5~6 拍,第五拍双手向两侧平伸,左腿直立,右腿侧点地（如图 9-3-16 所
　　示）;第六拍身体直立,双手腹前交叉（如图 9-3-17 所示）。

图 9-3-15　　　　　　　　　图 9-3-16　　　　　　　　　图 9-3-17

　　7~8 拍,做 5~6 拍的反方向动作。

10×8 拍:1~2 拍,右腿直立,左腿侧点地,右手握拳放于腰旁,左手二点方向前伸（如
　　图 9-3-18 所示）。

　　3~4 拍,做 1~2 拍的反方向动作。

　　5~6 拍,双膝弯曲,双手放于膝盖之上（如图 9-3-19 所示）。

　　7~8 拍,身体直立,双脚并拢,胸前拍掌两次（如图 9-3-20 所示）。

图 9-3-18　　　　　　　　　图 9-3-19　　　　　　　　　图 9-3-20

第四节　形体拉丁舞训练

一、拉丁舞的起源

　　古巴是拉丁音乐和拉丁舞的发源地。拉丁音乐和拉丁舞最初是人们庆祝胜利或丰收
的一种表达方式,后来渐渐发展为年轻人相互表达爱慕之情的一种方式。在拉丁舞发展

的过程中,拉丁舞曾因为动作过于热情,表达情感过于直率又没有任何约束而受到排斥,但这并没有影响拉丁舞的发展。

二、拉丁舞的种类

拉丁舞属于交谊舞的一种,分为伦巴、桑巴、恰恰、牛仔、斗牛五个舞种。

三、拉丁舞的风格特点

拉丁舞的舞蹈风格各异,动作活泼奔放、明快热情、技巧性强,着重人体曲线美的展示。其音乐节奏清晰,富于变化。男女动作同时但不同样,表现了拉丁舞的独特风格,在表演时,起舞的方向和路线可根据舞蹈编排的需要或场地条件灵活变化。

四、拉丁舞的健身价值

拉丁舞被引入健身课堂后,便成为了"有氧拉丁"。这个名字一下子就道出了将拉丁舞作为一种健身方法的创意。它有别于国际标准的拉丁舞,在有氧操的基础上,融入拉丁舞的奔放和激情,使其更具趣味性,适合范围更广。值得一提的是,由于拉丁舞动作强调髋部的摆动,因此对于腰部的锻炼有特殊的效果。

(1) 心血管方面。跳拉丁舞可令脉搏频率由 80 次每分钟升到 120 次每分钟,有时甚至更多。它的功效等同于体力训练或有氧运动,可以增强心脏的强度和耐力。

(2) 肌肉弹性方面。跳拉丁舞能练出漂亮有弹性的肌肉线条。

(3) 关节方面。据医学报道,避免早期关节炎与治疗关节不适的最好方法是适度地使用关节,跳拉丁舞可使全身各关节,如颈、肩、肘、髋、膝、踝等都得到有效锻炼。

(4) 脊椎方面。常跳拉丁舞,弯曲的脊椎可以得到矫正,还可以预防和治疗椎间盘突出。

(5) 呼吸系统方面。很多研究显示,激烈的拉丁舞可使肺变强壮并增加摄氧量,从而可以有效预防呼吸道疾病的发生。

(6) 脸部线条方面。多数拉丁舞者在跳拉丁舞时都是微笑着的,他们的脸部线条优美。

(7) 腹部方面。人的腹部一般不容易活动到,跳拉丁舞时,剧烈的骨盆摇动、胯部扭摆是对付小肚子赘肉的最有效的方法,减肥效果显著,这是其他运动不可比的。

(8) 气质方面。跳拉丁舞能提升人的气质,塑造优美身形,使拉丁舞者在另一个层面发现自己的价值。

(9) 自信心方面。很多拉丁舞者曾有过怯场的羞涩经历,他们通过跳拉丁舞逐步克服了胆怯、恐惧心理,增强了自信心。

(10) 社交方面。舒适轻松的社交是人的需求之一,跳舞可使舞者更善于处理人际关系,提高社交能力。

因此,学习拉丁舞,不但能够改善人体内脏器官的机能状态,增强肌肉力量,提高关节的灵活性、柔韧性和协调能力,还能促进形体健美,提高人的心理素质和艺术表现力,丰富人们的文化生活。

五、形体拉丁——伦巴组合

1×4 拍:准备位(如图 9-4-1 所示)。

2×4 拍:开式扭臀。

1~2拍,右腿后退,左脚前点地,左手收回抱住右腰旁(如图9-4-2所示)。

3~4拍,左腿斜后方退步,右脚前点地,左手抬起放于左耳后(如图9-4-3所示)。

图9-4-1　　　　　　　　　图9-4-2　　　　　　　　　图9-4-3

3×4拍:扇形位。

1~2拍,左脚二点方向上步,左手前伸(如图9-4-4所示)。

3~4拍,左脚回一点方向,右脚旁点地,左手向后打开,右手屈臂前伸(如图9-4-5所示)。

图9-4-4　　　　　　　　　　　　　　　　图9-4-5

4×4拍:曲棍步。

1~2拍,身体重心换到右腿,左腿屈膝,左脚旁点地(如图9-4-6所示)。

3~4拍,右腿二点方向上步,身体重心落于双腿中间(如图9-4-7所示)。

图9-4-6　　　　　　　　　　　　　　　　图9-4-7

5×4 拍:臂下转。

1～2 拍,转身,身体重心移至右腿,左脚前点地(如图9-4-8 所示)。

3～4 拍,转身,身体面对一点方向,双手在身前交叉(如图9-4-9 所示)。

图 9-4-8

图 9-4-9

6×4 拍:纽约步。

1～2 拍,身体面对三点方向,左脚斜后点地(如图9-4-10 所示)。

3～4 拍,开面舞姿,相对位,身体重心落于右腿(如图9-4-11 所示)。

图 9-4-10

图 9-4-11

7×4 拍:手对手。

1～2 拍,身体面对三点方向,身体重心落于左腿(如图9-4-12 所示)。

3～4 拍,开面舞姿,双脚分开,身体重心落于左腿(如图9-4-13 所示)。

图 9-4-12

图 9-4-13

8×4 拍:定点转。

1～2 拍,转身(如图9-4-14 所示)。

3~4 拍,开面舞姿,双手打开(如图 9-4-15 所示)。

图 9-4-14

图 9-4-15

学 习 指 导

1. 学习要点:时尚形体训练的价值、基本方法。
2. 延伸学习:根据自己的兴趣,选择适合自己的形体训练项目。

思考与练习

1. 进行形体瑜伽练习时要注意哪些要求?
2. 形体训练与舍宾运动的异同点在哪里?

第十章 器械形体训练

　　器械形体训练,是在徒手练习的基础上,根据形体训练所要达到的目的和器械的性能特点,有选择地进行的练习。它不仅可以促进身体的正常发育,发达肌肉、强健体魄,还可以弥补身体形态的某些不足。不同的器械动作,对人体各部位的训练效果不同。例如,哑铃、拉拉带,这些都对训练上肢各部位关节的柔韧性、灵活性和肌肉的控制能力有较强的作用。又如球操,双手持球练习有助于充分展体,扩大胸腔,使胸部挺拔;双脚或双腿持球时必须用力夹紧,这就增加了脚或腿的负荷,同时要求全身协调配合,对训练腰腹肌群效果较好,可以防止腰腹部脂肪堆积。器械形体训练通过器械的重量、形状和性能增加肌肉的阻力和身体动作的限制,从而使肌肉受到刺激,进而增强其耐受力,达到消耗脂肪,增强关节的柔韧性、灵活性和控制力的目的,有利于塑造健美匀称的形体。

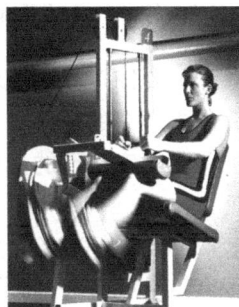

　　通过本章的学习,掌握利用不同的器械,设计不同动作的训练方法,达到既能全面锻炼身体,又能局部塑造形体的目的。

第一节 器械形体训练概述

一、形体训练器械的分类

　　可以进行健身和形体训练的器械有百余种,大致可分为三种类型。

　　(1)全身性健身器械,属综合性训练器械,如10项综合训练器、家用16项功能健身器等,可供多人同时在一个器械上进行循环性或选择性训练。这种健身器械体积较大,功能较全,价格不菲,适合健美中心、康复中心、机关或学校健身房使用。应该说明的是,多功能跑步机虽属全身性健身器械,但它只是在单功能跑步机的基础上增加了划船、蹬车、俯卧撑、腰部旋转、按摩等功能,所以体积并不是很大,适合家庭健身房。

　　(2)局部性健身器械,多属专项训练器械,结构小巧,占地1平方米左右,多数能折叠,有的还兼具趣味性。其功能相对单一,主要侧重局部肌群的训练。此类器械既有以配重砝码、液压拉缸为载荷的力量型器械,也有以自身为动力的非力量型器械,无须拆装组合。有的还配有时间、速度、距离、心率等的电子显示装置,使训练者可以自己掌握运动量。因此,此类器械颇受健身爱好者的青睐,是家庭健身房的"主角",如健身自行车、划

99

船器、楼梯机、跑步机,以及小腿弯举器、重锤拉力器、提踵练习器等。

(3)小型健身器械,体积虽小,可是训练价值并不低。以可调式哑铃为例,它不仅适合不同年龄、性别和体质的人进行训练,而且可以使全身各部肌肉得到训练,更是健身爱好者的必备器械。再如,弹簧拉力器,轻便小巧、价格低廉,既便于存放,又易于携带,同样能达到健身强体的目的。而像健身球一类的小型健身器,则最适合中老年人使用。

二、器械形体训练的训练价值

合理利用器械做针对性训练,还可改变骨骼的相对角度,如使胸围变大或变小、肩变宽、臀变翘,只有合理训练身体的各部位,形体才能有明显改善。利用音乐配合训练时,既能提高练习者的兴趣,又能降低疲劳,进而提高身体协调性。

三、进行器械形体训练的注意事项

(1)要知道如何练就自己所希望的形体,确定一个明确的目标,将想练就的理想形体与镜子中现在的自己进行比较。

(2)确定自己的身体状况,根据自身的健康状况,选择适合自己的训练器械与运动强度。

(3)要做好准备和放松活动,防止受伤。要在热身后再进行器械训练,如果不热身,则很容易造成肌肉、韧带甚至是关节的损伤。

(4)在训练过程中要学会如何呼吸。当用力时,血管内的压力增强,这时不能憋气,而应该呼气,返回时再吸气。呼气时用力,肌肉会更好地收缩,呼吸与用力要很好地配合。

(5)进行器械训练时对器械做必要的调整。大多数器械都根据人的不同形体设计了调整的办法。例如,前一个使用者比你高出半头,你会发现坐进座位后脚够不着地,这时你可以调整座位高度,让脚实实在在地放到地面上。

(6)选择合适的重量,练习时注意循序渐进。"小力量,多次数"的训练方法,一般适合于初练者及以减肥和锻炼肌肉耐力为目标的健身者。一般而言,合适的重量是自身尽最大努力可以举起 8 ~ 12 次的重量。不要因为适合自己的重量比别人小就感到不好意思,只有用适合自己的重量来训练才能达到既安全,效果又好的目的。当身体水平提高以后,可以用增加重量的方法来达到更好的训练效果。同时还要注意应循序渐进,由易到难、由少到多、由轻到重地进行训练,根据自己的体质情况,选择适宜的训练方法,控制运动负荷,以免在练习的过程中受伤。

做专门性的肌肉塑形训练时,一定要做好充分的准备活动,以防肌肉拉伤或韧带拉伤。可以做 3 ~ 5 组训练,每组训练一般做 8 ~ 15 次;每组训练之间的休息时间不超过 10 秒,根据自己的力量水平而定,以中等运动强度为主;每周保证训练 3 ~ 4 次,训练结束后要注意充分放松,可采用拉伸肌肉、按摩、热敷等方式进行放松。

第二节　器械形体训练的基本方法

一、常见健身器械介绍

1. 哑铃

哑铃(如图 10-2-1 所示)是一种用于增强肌肉力量训练的简单器械,它常用于肌肉耐力、力量训练和肌肉复合动作训练。长期坚持哑铃训练,可以塑造肌肉线条,增强肌肉耐力;经常做重量偏大的哑铃训练,可以使肌肉结实,增强肌肉耐力和力量。

2. 拉力器

拉力器(如图 10-2-2 所示)是一种简便、普及、有效的训练器械,对于进行形体训练的人而言是一种较为理想的器械。用拉力器进行训练的好处是可以充分训练上肢肌肉的力量与形状。

图 10-2-1

图 10-2-2

3. 杠铃

利用杠铃(如图 10-2-3 所示)进行训练不仅可以快速增强肌肉的耐力和肌肉力量,消耗大量卡路里,而且可以增加骨密度,预防骨质疏松,改善内分泌,提高人体免疫力。

4. 双杠

利用双杠(如图 10-2-4 所示)进行训练主要是练习者在负担自身体重的情况下,进行支撑和支撑摆动的典型动作训练,对弥补上肢和躯干力量发展的不平衡有重要作用。通过利用双杠进行训练,练习者能有效增强上肢、肩带、躯干肌群的力量,特别对三角肌、胸大肌、腹肌、背肌的发展有显著效果,可使肘、肩、腰关节、韧带的柔韧性和灵活性得到增强。

图 10-2-3

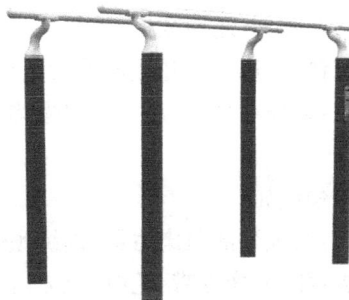

图 10-2-4

5. 多功能健身器

多功能健身器(如图 10-2-5 所示)一般包括扩胸、引体向上、仰卧推举、仰卧起坐等器械的功能。扩胸、引体向上、仰卧推举,主要用来训练练习者的上肢力量及胸大肌力量;仰卧起坐,主要用来训练练习者的腰肌群,减少腰腹部多余脂肪。

图 10-2-5

二、利用器械进行形体训练的基本方法

利用器械进行形体训练时,可以使用的训练动作有很多。下面重点介绍适合练习者独立操作、具有代表性的、塑身效果显著的训练方法。

1. 颈部肌群训练方法

(1) 颈后伸。

功效:增强颈部肌肉力量,训练颈部斜方肌和胸锁乳突肌群。

器械:徒手或负重帽。

动作要领:双脚自然分开站立,上体保持挺胸、收腹、紧腰的姿势,双肩固定,双手向后抱头交叉;吸气,用双手朝胸部方向下压头部,同时颈部保持紧张对抗,用力仰起头部,稍停 3～4 秒;呼气,还原放松;重复练习。

易犯错误:肩部随颈部前后晃动;后伸动作幅度小、速度过快。

建议:动作要平稳,用力要缓慢均匀,动作幅度要大;颈部后伸时身体固定不动。

(2) 颈前屈。

功效:增强颈部肌肉力量,训练颈部斜方肌和胸锁乳突肌群。

器械:徒手或负重帽。

动作要领:双脚自然分开站立,上体保持挺胸、收腹、紧腰的姿势,双肩固定,双手交叉,双手手掌按在前额;吸气,用力向前低头,双手稍用力向后以对抗颈前屈的作用力,稍停 3～4 秒;呼气,还原放松;重复练习。

易犯错误:肩背部随颈部前后晃动;前屈动作幅度小、速度过快。

建议:动作要平稳,用力要缓慢均匀,动作幅度要大;颈部前屈时身体固定不动,不要借力。

(3) 颈侧屈。

功效:增强颈部肌肉力量,训练颈侧部胸锁乳突肌群。

器械:徒手、橡皮带、毛巾、拉力器。

动作要领:站姿或坐姿;自己用右手紧靠头部右侧,竭力将头部推向左侧肩方向,以对抗颈部向右侧屈的作用力,稍停 3~4 秒;换左手,尽力将颈部推向右侧肩方向,以对抗颈部向左侧屈的作用力;颈侧屈时吸气,还原时呼气;两侧交替进行;重复练习。

易犯错误:肩背部随颈部左右、上下晃动;借助脊柱侧弯的力量。

建议:坐姿或站姿要稳,抬头、挺胸、紧腰,目视前方;动作始终要求缓慢进行,用力要均匀;动作要平稳,动作幅度要大;颈部侧屈时身体固定不动。

2. 肩部肌群训练方法

(1) 站姿持铃侧平举(如图 10-2-6 所示)。

功效:增强肩部肌肉力量,训练三角肌中束部,对增加双肩的宽度,矫正溜肩、窄肩有特效。

器械:哑铃。

动作要领:双脚开立,与肩同宽,上体保持挺胸、收腹、紧腰的姿势,双手拳心相对持哑铃下垂于体侧;吸气,持铃向两侧举起至手臂与肩齐平时稍停(持铃举起时,手腕处应略微弯曲,虎口向下压)3~4 秒;呼气,持铃慢慢放下还原至体侧;重复练习。

易犯错误:借助耸肩或上体前后摆动的力量完成动作;注意力不集中。

图 10-2-6

建议:持铃举起或放下时,上体不准前后摆动,不得借助惯性力量举起;快举起、慢放下,同时不准耸肩;注意力集中于肩部。

(2) 站姿持铃前平举(如图 10-2-7 所示)。

功效:增强肩部肌肉力量,训练三角肌群前束部和斜方肌群。

器械:哑铃、杠铃。

动作要领:双脚开立,与肩同宽,上体保持挺胸、收腹、紧腰的姿势,双手持哑铃,手背向前,下垂于腿前;吸气,直臂持铃经体前举起,至与肩齐平时稍停 2~3 秒;呼气,直臂慢慢放下还原;重复练习。

易犯错误:借助耸肩、屈肘、屈臂动作或上体前后摆动的力量完成动作;注意力不集中。

建议:直臂持铃举起时,手肘不要弯曲,上体不准借助耸肩或前后摆动的力量;还原过程要直臂、挺胸、收腹、紧腰,用力控制下落速度,也可双臂交替练习;可采用"快举起、慢放下"的动作节奏;不准借助耸肩的力量完成动作;注意力集中于肩部。

图 10-2-7

(3) 躬身持铃侧平举。

功效:增强肩部肌肉力量,训练三角肌群后束部和上背部肌群(大圆肌、小圆肌和冈下肌)。

器械:哑铃。

动作要领:双脚开立,比肩稍宽,躬身向前,上体与地面平行,背部保持平直,头部稍低下,双臂自然下垂,身体重心落在脚跟上;双手拳心相对,拳眼向前,持哑铃下垂于腿前;吸气,持铃向两侧举起,抬头、挺胸、塌腰,至双臂与肩齐平时稍停 3~4 秒;呼气,持铃慢慢放下还原至双臂下垂姿势;重复练习。

易犯错误:训练过程中,不能保持侧平举动作,或者借助耸肩、屈肘、屈臂动作或上体

103

前后摆动的力量完成动作;注意力不集中。

建议:持铃举起或放下还原时,可采用"快举起、慢放下"的动作节奏,上体要收腹、紧腰,不能上下摆动和耸肩借力,不要提踵;还原时,要用三角肌的力量控制还原的速度;注意力集中于肩部。

(4)坐姿颈前持铃向上推举(如图10-2-8所示)。

功效:增强肩部肌肉力量,训练三角肌群前束部、上胸部、肱三头肌、斜方肌群及前锯肌群;可使上胸部和肩膀肌肉饱满结实,富有弹性。

图10-2-8

器械:杠铃、推举器、哑铃。

动作要领:坐姿,双手持哑铃置于胸上(锁骨窝处),拳心向前,双手持铃,双手间距同肩宽;上体保持挺胸、收腹、紧腰的姿势,目视前方;吸气,持铃垂直向上推起至双臂完全伸直,稍停2~3秒;呼气,慢慢放下还原;重复练习。

易犯错误:借助躯干前后摆动的力量完成动作;注意力不集中。

建议:不要借助上体摆动或躯干伸屈的力量来完成动作;注意力集中于肩部。

(5)坐姿颈后持铃向上推举(如图10-2-9所示)。

功效:增强肩部肌肉力量,训练三角肌群后束部、肱三头肌和上背肌群,可塑造肩、背部优美曲线,对矫正溜肩、窄肩等体姿有特效,还可以防治腰酸背痛等。

图10-2-9

器械:杠铃、推举器、哑铃。

动作要领:坐姿,双手持杠铃置于颈后肩上,拳心向前,双臂肘关节向两侧尽量张开,双手持铃,双手间距离宽于肩;上体保持挺胸、收腹、紧腰的姿势,目视前方;吸气,持铃垂直向上推起至双臂完全伸直,稍停 2 ~ 3 秒;呼气,慢慢放下还原;重复练习。

易犯错误:双臂肘关节不向两侧张开,借助躯干前后摆动的力量完成动作;注意力不集中。

建议:持铃向上推起时,为了使肱三头肌和上背肌群集中用力,双臂肘关节应向两侧张开(尽量向后),同时向侧上方推举用力;上体应始终保持挺直的姿势,不要借助上体摆动或躯干伸屈的力量来完成动作;注意力集中于肩部。

(6)坐姿重锤双臂颈前下拉(如图 10-2-10 所示)。

功效:增强肩部肌肉力量,训练三角肌群前束部、斜方肌和上胸、臂部肌群,可使肩膀肌肉丰满、结实,还可以矫正含胸、驼背等体姿。

器械:高滑轮重锤式拉力器、拉臂练习器。

动作要领:坐姿,双臂伸直上举,双手分别握住(双手采用正握或反握均可)头上方高滑轮拉绳横杠两端的把柄;吸气,双臂用力从头上方位置垂直向下牵引滑轮拉绳横杠至胸脯前,稍停 2 ~ 3 秒;呼气,缓慢还原;重复练习。

易犯错误:牵引时,双臂用力不均衡,猛拉或突然还原;借助躯干前后摆动的力量完成动作;注意力不集中。

建议:双手正握采用宽握距*,或者反握采用中握距,抓握练习器横杠把柄或高轮滑拉绳横杠两端的把柄;完成动作时,双臂要均衡用力,防止猛拉或突然还原;不要借助上体摆动或躯干屈伸的力量来完成动作;注意力集中于肩部。

图 10-2-10

(7)坐姿重锤双臂颈后下拉(如图 10-2-11 所示)。

功效:增强肩部肌肉力量,训练三角肌群后束部、斜方肌群、上背部肌群和上臂部肌群,可使肩膀和上臂部肌肉丰满、结实,对矫正含胸、驼背、溜肩、窄肩等体姿有特效,还可以防治腰酸背痛。

器械:高滑轮重锤式拉力器、拉臂练习器。

动作要领:坐姿,双臂伸直上举,双手分别握住头部上方高滑轮拉绳横杠两端的把柄或练习器横杠把柄;吸气,双臂用力从头上方位置垂直向下牵引滑轮拉绳横杠或练习器横杠至颈后与肩平,稍停 2 ~ 3 秒;呼气,缓慢还原;重复练习。

易犯错误:牵引时,双臂用力不均衡,猛拉或突然还原;借助躯干前后摆动的力量完成动作;注意力不集中。

建议:完成动作时,双臂要均衡用力,防止猛拉或突然还原;双手正握采用宽握距抓握横杠把柄或高滑轮拉绳横杠两端的把柄;不要借助上体摆动或躯干屈伸的力量来完成动作;注意力集中于肩部。

图 10-2-11

* 双手间隔 10 厘米左右为窄握距;双手间隔与肩同宽为中握距;双手间隔大于肩宽为宽握距。

(8)坐姿双手向上推举。

功效:增强肩部肌肉力量,训练三角肌群后束部、肱三头肌和上背肌群,可塑造肩、背部优美曲线,对矫正溜肩、窄肩等体姿有特效,还可以防治腰酸背痛。

器械:推肩机、推举器。

动作要领:坐在推肩机凳子上,保持挺胸、收腹、紧腰的姿势,上体直立,目视前方,双脚搭在凳撑上或踩在地上;双手紧握推肩机的推杆把柄,双臂肘关节弯曲,向内尽量夹肘,双手间距宽于肩;吸气,双臂用力垂直向上推起至双臂完全伸直,稍停2~3秒;呼气,慢慢放下还原;重复练习。

易犯错误:双臂肘关节向两侧张开;双臂用力不均衡,突然猛推或突然性暂停或还原;借助躯干前后摆动的力量完成动作;注意力不集中。

建议:向上推起时,动作要柔和有序,为了使肩部肌群集中用力,双臂肘关节应同时向内夹肘,用力垂直向上方推举;上体应始终保持挺直的姿势,不要借助上体摆动或躯干伸屈的力量来完成动作;防止动作过于突然或中途暂停。

(9)站姿双手持铃提肘上拉(如图10-2-12所示)。

功效:增强肩部肌肉力量,训练三角肌群、斜方肌群和肩胛提肌群,可使上体挺拔。

器械:杠铃、哑铃、拉力器。

动作要领:双脚开立,上体直立,保持挺胸、收腹、紧腰的姿势,目视前方,双手手背向前握住哑铃或杠铃,双手间握距为一个手掌宽,持铃下垂于腿前;吸气,持铃屈肘贴身提起至胸前,稍停2~3秒,这时双肘尖尽量上提;呼气,持铃慢慢贴身放下还原;重复练习。

易犯错误:屈肘上提铃不贴身;肘尖向下垂;借助上体后仰摆动的力量完成动作。

建议:上提时,要集中三角肌、斜方肌和肩胛提肌的收缩力量;持铃屈肘尽量贴身;动作过程中,上体保持挺胸、收腹、立腰姿势,不要前后摆动,两肘尖应向上;持铃还原时,要有意识地控制下落速度,做"下压挺胸"动作。

(10)站姿双手持铃耸肩(如图10-2-13所示)。

功效:增强肩部肌肉力量,训练斜方肌群和肩胛提肌群,可使肩部肌肉饱满结实、富有弹性,并对矫正驼背、含胸等体姿有特效。

器械:杠铃、哑铃、拉力器。

图10-2-12   图10-2-13

动作要领:双脚开立,与肩同宽,上体保持挺胸、收腹、紧腰的姿势,双手持杠铃,手背向前,下垂于腿前,双手间握距与肩同宽(双手握杠铃时,可采用中握距);吸气,双肩用力上耸,肩峰似乎要触及耳朵,稍停 2~3 秒;呼气,持铃还原放松;重复练习。

易犯错误:屈肘上提铃;借助上体前屈后仰摆动的力量完成动作。

建议:站立时,要挺胸、收腹、紧腰;做动作时双臂要始终伸直放松,自然下垂;不要屈臂用力。

3. 臂部肌群训练方法

(1) 站姿双手持铃反握弯举(如图 10-2-14 所示)。

功效:增强臂部肌肉力量,训练肱二头肌、肱肌和肱桡肌等肌群,塑造上肢优美曲线。

器械: 杠铃、哑铃、拉力器。

动作要领:双脚开立与肩同宽或稍窄于肩宽;双臂肘部紧贴体侧不动,双手松握;吸气,双臂同时屈肘向上,弯举杠铃至胸前,上臂与前臂之间的夹角略小于 90°;注意力集中于上臂肌群,稍停 3~4 秒;呼气,慢慢放下还原;重复练习。

易犯错误:肘部前后移动;上臂与前臂之间的夹角过小;借助上体前后摆动的力量完成动作;注意力不集中。

图 10-2-14

建议:持铃弯起或放下时,上臂一定要紧贴体侧;注意力要集中在上臂部肌群;上臂不要前后移动;手腕必须与前臂保持直线状,不要上下弯动;双臂还原下垂时,要充分伸直,尽量放松。

(2) 坐姿托肘单手持铃反握弯举(如图 10-2-15 所示)。

图 10-2-15

功效:增强上臂肌肉力量,训练肱二头肌、肱肌和肱桡肌等肌群,塑造上肢优美曲线。

器械: 哑铃。

动作要领:双脚开立坐在凳子上,上体略向前倾,单手握住哑铃下垂于双腿间,虎口朝前,并使上臂的外侧靠托在大腿内侧;吸气,向上抬起前臂;呼气,持铃还原放松;双手交替重复练习。

易犯错误:前臂还原下垂时,不能充分伸直;上臂抬起的角度过小,借助上体前后摆动的力量完成动作;注意力不集中。

建议:坐姿练习的意义主要是使下肢处于固定不动的状态中,单臂练习可以使用力更集中;手腕做向外旋转臂弯举动作,会产生更佳的效果;手腕必须与前臂保持直线状,不要左右弯动;上臂、肘关节和身体不要移动位置;注意力要集中在上臂部肱二头肌群;双臂还原下垂时,要充分伸直,尽量放松。

（3）坐姿托肘双手反握弯举。

功效:增强上臂肌肉力量,训练肱二头肌等屈肘肌群,塑造上肢优美曲线。

器械:斜板弯举机、前臂屈伸器。

动作要领:坐在斜板弯举机的凳子上,双手握住把柄,肘关节依托斜板固定;吸气,上抬前臂,弯举至手部与肩部齐高位置,稍停 3～4 秒;呼气,缓慢放下还原;重复练习。

易犯错误:上臂抬离斜板;猛起猛落;前臂还原下垂时,不能充分伸直;上体不固定,借助前后摆动的力量完成动作;注意力不集中。

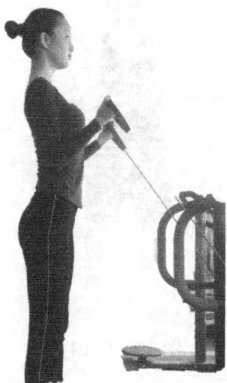

图 10-2-16

建议:注意在完成训练过程中,上身要稳固,上臂始终紧抵住斜板,不要抬起;动作速度均匀、缓慢,不要猛起猛落;注意力要集中在上臂部肱二头肌群;双臂还原下垂时,要充分伸直,尽量放松。

（4）站姿低滑轮双手反握弯举（如图 10-2-16 所示）。

功效:增强上臂部肌肉力量,训练肱二头肌等屈肘肌群,塑造上肢优美曲线。

器械:低滑轮重锤拉力器。

动作要领:面对低滑轮重锤拉力器,双脚开立,与肩同宽,上体保持挺胸、收腹、紧腰的姿势;双臂向下伸直置于体侧,双手掌心向前握住拉力器把柄,保持身体平衡;吸气,两个上臂固定,同时屈肘向上牵拉引绳把柄,提起至胸前,稍停 3～4 秒;呼气,缓慢放下还原;重复练习。

易犯错误:上臂和肘部不固定;猛拉猛落;两个前臂还原下垂时,不能充分伸直;借助上体前后摆动的力量完成动作;注意力不集中。

图 10-2-17

建议:在训练过程中,上体要稳固,肘部要固定,上臂始终贴住躯干;注意向上提拉时,身体和肘部不要前后摇摆助力;动作速度均匀、缓慢,不要猛拉猛落;注意力要集中在上臂部肱二头肌群;两个前臂还原下垂时,要充分伸直,尽量放松。

（5）躬身持铃肘屈伸（如图 10-2-17 所示）。

功效:增强上臂部肌肉力量,训练肱三头肌和肱桡肌等肌群。

器械:哑铃。

动作要领:双脚开立,躬身向前,左手支撑在凳子上,使背部与地面平行,右侧上臂紧贴体侧与地面平行,右前臂下垂,手握哑铃,虎口朝前;吸气,用力伸肘,以肘关节为轴伸前臂,向后上方拉举哑铃,直至全臂完全伸直,且手腕要向上翻转,稍停 3～4 秒;呼气,缓慢放下还原;双臂交替重复练习。

易犯错误:上臂和肘部不固定;上臂不能充分伸直;手腕没有翻转动作;借助上体肩部上下移动的力量完成动作;注意力不集中。

建议：上臂固定不动，整个动作缓慢，均匀用力；注意力要集中在背部肱三头肌和肘肌群上；尤其是要做好伸直手臂时向上翻腕的动作，这样就可以使肱三头肌群极力收紧，训练效果更佳。

（6）站姿颈后双手持铃肘屈伸。

功效：增强上臂部肌肉力量，训练肱三头肌和肱桡肌等肌群。

器械：杠铃、哑铃。

动作要领：身体直立，双手正握或反握杠铃，上臂屈肘固定在头的两侧，肘尖朝上；吸气，以肘关节为轴，用力将前臂伸直至上举，稍停 2～3 秒；呼气，曲臂慢慢落下还原；重复练习。

易犯错误：上臂和肘部不固定；上臂不能充分伸直；借助上臂和躯干前后摆动的力量完成动作；注意力不集中。

建议：上臂必须紧贴耳侧，双肘夹紧；注意力要集中在臂部肱三头肌和肘肌群上；上臂与地面保持垂直状；双肘尖向上，不要借助向前后移动的力量完成动作。

（7）站姿双臂胸前屈肘下压。

功效：增强上臂部肌肉力量，训练肱三头肌和肘肌等肌群，塑造上臂优美曲线。

器械：高滑轮重锤拉力器。

动作要领：面向高滑轮重锤拉力器，双脚开立，与肩同宽，抬头、挺胸、收腹、紧腰，身体直立；双臂屈肘于胸前，双手握住高滑轮重锤拉力器拉绳横杠两端的把柄，手心向下，虎口相对，手腕必须与前臂保持直线状；吸气，两个前臂用力伸肘向下压至双臂伸直于腹前，稍停 2～3 秒；呼气，缓慢还原至胸前；重复练习。

易犯错误：上臂和肘部不固定；上臂不能充分伸直；猛压或突然还原；双臂伸直时手腕没有立腕压掌动作；借助上体前后摆动的力量完成动作；注意力不集中。

建议：动作要舒展，肘关节要紧贴体侧，防止猛压或突然还原；身体不要前伸后仰助力；尤其是两个前臂伸直时，双手腕要做"立腕压手掌"的动作，这样才能使肱三头肌群极力收紧，训练效果更佳。

（8）仰卧撑挺身（如图 10-2-18 所示）。

图 10-2-18

功效：增强臂部肌肉力量，训练肱三头肌、肘肌和肩胸部等肌群，对矫正含胸、驼背等体姿有功效。

器械：椅子、瑜伽垫。

动作要领：身体在瑜伽垫上仰卧，双手向后撑在后背两侧，双脚放在地上；吸气，上体后靠，身体呈挺胸、收腹、紧腰、夹臀、臂直、腿直的姿势，身体重心移至手臂上，使身体成一直线，稍停 2～3 秒；呼气，双臂慢慢屈肘，屈体，臀部尽量下沉至最低程度，肘部要高于肩部，稍停 2～3 秒；再吸气，用力伸直双臂撑起身体还原；重复练习。

易犯错误：含胸塌腰，双臂伸不直；身体下落时屈肘角度太大，肩部高于肘部，屈体不够；注意力不集中。

建议：双臂屈伸时应中速平稳，身体要直，双肘要向内夹臂，同时要挺胸、收腹、紧腰；注意力要集中；抬高脚的高度或负重可提高训练的难度。

（9）站姿直臂双手持铃后上拉举。

功效：同"站姿颈后双手持铃肘屈伸"动作。

器械：杠铃。

动作要领：双脚开立，距离与肩同宽，上体保持收腹、紧腰、挺胸状，身体直立，双手正握或反握杠铃于体后；吸气，用力从后向上举杠铃至最高点，稍停2～3秒；呼气，缓慢还原；重复练习。

易犯错误：借助上体前屈摆动的力量完成动作；耸肩屈肘上拉；躯干与双臂之间夹角太小。

建议：采用中握距抓握杠铃；反握杠铃后上拉抬举至最高点时，应使双手手腕向上翻转，使肱三头肌极力收紧，这样做训练效果更佳；双臂向后上拉举时与躯干之间的夹角越大越好。

（10）站姿双手持铃正握弯举。

功效：增强臂部肌肉力量，训练前臂后群伸指肌群和上臂肱三头肌、肱二头肌群。

器械：杠铃。

动作要领：双脚开立，与肩同宽，身体直立，保持挺胸、收腹、紧腰状；双手手背向前，虎口相对握住杠铃，直臂下垂于腿前；吸气，持铃弯起至胸前，稍停2～3秒；呼气，持铃缓慢放下还原。重复练习。

易犯错误：肘部前后移动不固定；屈腕握铃；借助上体前后摆动的力量完成动作；注意力不集中。

建议：训练过程中，注意力要集中在前臂肌群；采用窄握距抓握杠铃，持铃弯起和放下时，上臂必须贴紧体侧，直腕握铃，不准上下弯动；双臂下垂还原时，要充分伸直，尽量放松，不准借助前后移动的力量完成动作。

（11）坐姿双手持铃反握腕屈伸。

功效：增强前臂部肌肉力量，锻炼前臂屈伸肌群，塑造前臂优美曲线。

器械：杠铃。

动作要领：坐在凳子上，屈肘，两个前臂放在大腿上，两个上臂和肘关节向内夹紧；双手手掌心向上，虎口朝外握住杠铃，双手间距和肩同宽或窄于肩宽，双手手腕握铃悬空在膝部外侧，松腕下垂；吸气，用力持铃向上屈腕弯起，直到手腕部能再向上弯曲时为止，稍停3～4秒；呼气，松腕持铃慢慢放下还原；重复练习。

易犯错误：前臂抬离腿面；手腕屈伸幅度不够充分。

建议：训练过程中，注意力要集中在前臂肌群；前臂要紧贴在大腿上，不得抬离腿面。

（12）重锤握力器交替握。

功效：增强前臂部和手部肌肉力量，训练前臂屈伸肌群和手部肌群，塑造前臂优美曲线。

器械：重锤握力器、弹簧握力器。

动作要领:面对器械双脚开立,与肩同宽,躬身收腹、紧腰、挺胸,双臂下垂;左手大拇指握住握力器固定把柄,自然呼吸,左手用力做抓握动作;左右手交替进行;重复练习。

易犯错误:抓握无力;双手与把柄不充分贴紧。

建议:抓握握力器固定把柄或握力器阻力杠把柄时一定要充分贴紧。

(13) 站姿双手卷棒。

功效:增强臂部肌肉力量,训练前臂桡侧和尺侧腕肌、前臂肌群。

器械:卷力器。

动作要领:双脚开立,与肩同宽,身体直立,呈挺胸、收腹、紧腰的姿势,前平举(正握)或双臂屈肘(反握),双手握住卷力器的卷绳棒;自然呼吸,双手交替转动卷力器的卷绳棒,随着绳子的不断卷起,重物不断提升,直至把绳子卷完;反方向转动卷力器的卷绳棒,使重物下落还原;重复练习。

易犯错误:上臂和前臂上下起伏或屈肘移动。

建议:动作速度不宜过快;注意力要集中在前臂肌群;卷棒时,上臂和前臂固定不动,双臂不要上下起伏和移动,每次卷动幅度可尽量大些;还原时,要向里卷棒,不要放松使重物滑下;每次卷棒时,要将绳子完全缠绕在卷绳棒上后再放下来;呼吸要与动作速度相协调。

(14) 弹簧拉力器交替握。

功效:同"重锤握力器交替握"动作。

器械:弹簧握力器。

动作要领:双脚开立,与肩同宽,收腹、紧腰、挺胸、身体直立、双臂下垂;左手大拇指握住握力器固定把柄,其余四指握住握力器阻力杠把柄;自然呼吸,直臂贴紧体侧,左手用力做抓握动作,左右手交替进行;重复练习。

易犯错误:抓握无力;双手与把柄未充分贴紧;借助屈肘摆动的力量完成动作。

建议:直臂用力抓握,其他同"重锤握力器交替握"动作。

4. 胸部肌群训练方法

(1) 站姿双臂屈伸。

功效:增强胸臂部肌群力量,训练胸部和上肢及肩、腹、背肌群,有助防止乳腺萎缩,对训练胸部有功效。

器械:椅子。

动作要领:面向椅面,双臂伸直撑在椅座两边,双臂同肩宽,双脚着地,双腿伸直并拢,呈俯撑姿势;呼气,身体挺直下压,屈臂,双肘靠紧体侧,使身体缓慢下降;吸气,将臂推直还原,同时抬头挺身,稍停 2~3 秒;重复练习。

易犯错误:屈伸臂不充分;塌腰、翘臀;注意力不集中。

建议:训练过程中,腹部不要下沉,臀部向上拱起或直臂支撑时双肩胛耸起;注意力要集中在胸部。

(2) 仰卧双臂屈伸。

功效:增强胸、臂部肌群力量,训练胸大肌和肱三头肌群。

器械:仰卧撑架或凳子。

动作要领:双脚脚跟支撑在凳子上,双臂伸直与地面垂直支撑在另一只凳端,全身挺直,眼看前方;呼气,屈肘使身体慢慢下降至臀部稍离地面,肘部高于肩部,稍停 2~3 秒;

吸气,借助肱三头肌伸直的力量,挺胸夹肘,使双臂充分伸直,还原;重复练习。

易犯错误:双臂伸不直,身体挺不直,身体下落时屈肘角度太大,肩部高于肘部;屈体不够;弓腰、提臀;注意力不集中。

建议:双臂伸直时,使胸脯至下腹处尽力向上挺起成"桥形"或"满弓形";要把注意力集中在胸肌上,使肌肉始终处于相对紧张的状态,有利肌群很快达到"发胀"的状态。

(3)俯卧双臂屈伸(如图10-2-19所示)。

功效:增强胸、臂部肌群的力量,训练胸大肌、肱三头肌和三角肌群,可使胸部丰满挺拔。

器械:俯卧撑架或徒手。

动作要领:双臂伸直撑在地上,使肩胛骨略向前倾,头稍抬起,眼看前方;呼气,两个上臂贴近体侧屈肘时,使躯干保持伸直,慢慢下降至最低位置;应使肩关节放松,胸大肌充分伸长,头部向前方探起,胸腔有完全扩张的感觉,稍停2~3秒;吸气,胸大肌突然收缩的同时伸臂,直至双臂伸直,胸部挺起,全身应保持挺直的姿势,稍停3~4秒;重复练习。

易犯错误:沉肩、耸肩;缩胸或弓腰、提臀;注意力不集中。

建议:训练过程中,注意力要集中于胸部,不要使腹部下沉,不沉肩、不塌腰、不撅臀;直臂支撑时,两肩胛不要耸起。

图10-2-19

(4)平卧双手持铃推举。

功效:增强胸、臂部肌群力量,训练胸大肌、肱三头肌和三角肌群。

器械:举重床、仰卧推举架、杠铃。

动作要领:双腿分开躺在举重床上,身体保持平稳,呈挺胸沉肩状;双手掌心朝上握住杠铃,握距与肩同宽或大于肩的宽度;将杠铃横杠放在胸部乳头处,胸腔充分伸展开;吸气,双臂用力向上推举起杠铃,双臂充分伸直,挺胸,胸大肌收紧,稍停2~3秒;呼气,双臂慢慢屈肘下放杠铃,还原;重复练习。

易犯错误:推举过程中双臂不夹肘、不夹胸;含胸、耸肩;顶腰、挺髋、提臀,借助腰部的力量完成动作;注意力不集中。

建议:杠铃向上推起时,双肘内收,夹肘的同时夹胸略向前倾,运动轨迹呈抛物线状;双臂伸直时,杠铃重心处于肩关节的支撑点上;杠铃推起,双臂伸直和还原时,必须保持"挺胸沉肩"的姿势;注意力要集中于胸部,这时胸大肌处于完全收紧状态;如果呈"含胸耸肩"的姿势,那么胸大肌就处于松弛状态;如果三角形肌和肱三头肌等部位收紧,则会影响训练的效果。

(5)仰卧双手推举。

功效:增强胸部、臂部肌群力量,训练胸大肌、肩部三角肌和上臂肱三头肌群。

112

器械:卧推机。

动作要领:仰卧在卧推机的固定躺椅上,呈挺胸沉肩状,脚离开地面;屈臂,双手分别握住头上方卧推机的阻力器的把柄,双手握距略宽于肩;吸气,双臂向上用力的同时,双肘内收,夹胸,推起卧推机的阻力器横杠,肘和臂均要充分伸直展开,稍停2~3秒;呼气,缓慢还原;重复练习。

易犯错误:双臂用力不均衡,突然猛推或突然暂停和还原;借助含胸、耸肩或顶腰、挺髋、提臀的力量完成动作;注意力不集中。

建议:训练过程中,不要间断或推力过猛;注意力要集中于胸部。

（6）平卧拉力器扩胸。

功效:增强胸、臂部肌群力量,训练胸大肌群和三角肌群。

器械:弹簧拉力器、仰卧凳。

动作要领:仰卧在仰卧凳上,双手握弹簧拉力器把柄,双臂伸直,器械置于胸部上方;吸气,双臂慢慢将弹簧拉力器向两侧及下方拉开,直至双手略低于双肩,稍停2~3秒;呼气,缓慢还原;重复练习。

建议:扩胸时,力量和速度要有控制,幅度要尽可能大;注意力要集中于胸部肌群。

（7）平卧双手持铃扩胸。

功效:增强胸、臂部肌群力量,训练胸大肌群,对扩大胸腔和塑造胸部优美曲线有特殊作用。

器械:哑铃、仰卧凳。

动作要领:仰卧在仰卧凳上,双手拳心相对握住哑铃,双臂伸直持铃置于胸部上方,必须保持“挺胸沉肩”的姿势;呼气,双臂向两侧逐渐屈肘张开,双肘间的角度逐渐变小(上臂和前臂之间的夹角范围为100°~120°),一直下降到极限位置,稍停2~3秒,使胸大肌充分扩张,整个胸腔完全挺起;吸气,双臂持铃向上举起,借助胸大肌的收缩力量使双肘的角度逐渐变大,双臂上举路线形似“抱树”状,直至最后双臂完全伸直还原;重复练习。

易犯错误:扩夹胸过程中,双肘间角度无变化;含胸、耸肩;注意力不集中。

建议:双手握铃时应稍松些,以在训练过程中不脱落为原则;双臂持铃举起,至还原成垂直位时,要做到双臂伸直夹胸,由屈伸直,挺胸沉肩;注意力要集中。

（8）坐姿屈臂扩夹胸。

功效:增强胸、臂部肌群力量,训练胸大肌和肩部三角肌群,对塑造丰满挺拔的胸部、宽阔饱满的肩膀有特殊效果。

器械:扩胸机(蝴蝶训练机)。

动作要领:坐在扩胸机固定椅上,上体直立,呈挺胸、收腹、紧腰的姿势,屈肘,两个前臂上举放在扩胸机阻力器的护垫上,前臂与地面保持垂直,上臂与地面平行;吸气,以肩关节为轴、两个上臂为杠杆,两肘部同时用力向中间夹胸,使两个相分离的扩胸机阻力器护垫尽可能地接触到一起,稍停2~3秒;呼气,缓慢还原;重复练习。

易犯错误:双手手掌用力抱夹胸;突然猛夹或还原;注意力不集中。

建议:动作完成要舒缓、从容,避免突然猛夹或还原;注意力要集中于胸部肌群。

（9）坐姿双手前平推。

功效:增强胸、肩、臂部肌群力量,训练胸大肌、三角肌前部和肱三头肌群。

器械:平推机。

动作要领:坐在平推机固定凳上,挺胸、收腹、紧腰,上体直立,双脚搭在凳撑上,双手紧握平推机的把柄,双手间距宽于肩,抬臂屈肘与肩平行;吸气,双臂用力向前推起,肘关节伸直,稍停2~3秒;呼气,缓慢后退还原;重复练习。

易犯错误:屈肘不抬臂;含胸、耸肩;突然猛推或突然还原;注意力不集中。

建议:完成动作时要柔和有序,防止动作过于突然或中途暂停;注意力集中于胸部肌群。

(10)双杠双臂屈伸。

功效:增强胸、肩、臂部肌群力量,训练胸大肌群,特别是胸肌下半部、肩部三角肌和上臂肱三头肌群。

器械:双杠。

动作要领:双杠间距最好宽于肩,双手握杠成直臂支撑,挺胸、收腹、紧腰,双腿伸直并拢放松下垂状;呼气,屈肘弯臂,身体下降,直至双臂弯曲降低到最低位置时,头部向前探,双肘外展,臀部略向后缩,躯干呈"低头含胸"的姿势,使胸大肌充分拉长伸展,稍停2~3秒;吸气,以胸大肌突然收缩的力量支撑双臂,同时挺胸、抬头、紧腰,使身体上升至双臂完全伸直;双臂伸直时,胸大肌处于彻底收紧状态,稍停3~4秒;重复练习。

易犯错误:双臂弯曲不到位;借助撑起身体前后摆动的力量完成动作;注意力不集中。

建议:动作要缓慢,不要借助身体的摇摆完成动作;撑起时速度要快,要夹肘、挺胸、抬头、收腹、不耸肩;注意力集中在胸部肌群。

5. 腹部肌群训练方法

(1)仰卧直腿起坐。

功效:增强腹部肌肉力量,训练上腹部肌群,减少多余脂肪,去除腹部赘肉,塑造腹部优美曲线。

器械:徒手、垫子。

动作要领:仰卧在垫上,双肩胛骨着地,双臂伸直上举,双腿并拢不动;吸气,用力收缩腹肌,使躯干抬起(含胸收腹),腰部着地,双臂前伸,躯干与地面的夹角范围为30°~40°,稍停2~3秒;呼气,躯干缓慢向后倒下还原;重复练习。

易犯错误:借助屈膝抬腿的力量完成动作;注意力不集中。

建议:动作要平稳、缓慢,头前伸;注意力要集中在上腹部肌群;腿要伸直,不要屈膝抬腿。

(2)仰卧屈膝起身。

功效:增强腹部肌肉力量,训练上腹部肌群,减少多余脂肪,塑造腹部优美曲线。

器械:徒手、垫子。

动作要领:屈膝仰卧在垫子上,上体伸展,屈臂,双手抱住头部,双肘外张;吸气,用上腹肌的收缩力量使上体向上抬起,使下颌触及膝盖,稍停3~4秒;呼气,双肘外张,上体后仰还原;重复练习。

易犯错误:突然起身、落下;借助屈膝抬腿的力量完成动作;注意力不集中。

建议:动作要平稳、缓慢,头前伸、腿屈膝;注意力集中在上腹部肌群;双腿不动,脚和臀部不要抬离垫子。

（3）仰卧直腿上举。

功效:增强腹部和腿部肌肉力量,训练下腹部肌群和腿部肌群,减少下腹部多余脂肪,塑造腹部和腿部优美曲线。

器械:徒手、垫子。

动作要领:仰卧在垫子上,双手掌心向下置于臀部两侧;上体不动,左腿伸直上举,与上体呈90°夹角,绷脚尖;慢慢落下还原,正常呼吸;换右腿做同样动作;双腿同时上举与地面成垂直状,然后还原;重复练习。

易犯错误:屈膝、勾脚尖;注意力不集中。

建议:直腿上举时快,放下时稍慢,脚背绷直;注意力要集中在下腹部;臀部不要抬离垫子。

（4）仰卧举腿交叉摆动。

功效:增强腹部和腿部肌肉力量,训练下腹部肌群,使腹部平坦坚实,轮廓清晰。

器械:徒手、垫子。

动作要领:仰卧,双腿分开伸直上举,绷脚尖,屈臂,双肘在体后支撑,双手手掌平放在垫子上;腹肌收紧,双腿左右交叉摆动,即右(左)腿在上,左(右)腿在下;自然呼吸,再把双腿并拢,脚尖绷直上举,双腿上下交叉摆动;重复练习。

易犯错误:屈膝、勾脚尖;摆动幅度不大;注意力不集中。

建议:训练过程中,注意力要集中在下腹部肌群;双腿要伸直,膝盖不能弯曲;双腿交叉和分开幅度要大。

（5）仰卧起身抱腿。

功效:增强腹部和腿部肌肉力量,训练下腹部肌群,特别对女性腹腔内各器官有特殊的保健作用。

器械:徒手、垫子。

动作要领:仰卧在垫子上,双臂伸直,双手掌心向下置于体侧;左腿屈膝上抬,同时吸气,双手抱膝使大腿尽量靠胸,上体抬起,眼看左膝;呼气还原伸直;换右腿做相同动作;再接着做双腿同时屈膝的动作;重复练习。

易犯错误:动作不协调;注意力不集中。

建议:训练过程要平稳、连贯;注意力集中在下腹部肌群。

（6）悬垂屈膝上举。

功效:增强腹部和腿部肌肉力量,训练下腹部肌群、腿部肌群和髂腰部肌群,减少下腹部多余脂肪,塑造腹部和腿部优美曲线。

器械:单杠、腹部练习器。

动作要领:双手紧握头上方单杠(或腹部练习器固定把柄),身体悬垂,双腿伸直并拢;吸气,收腹屈膝,使小腿与地面保持垂直,大腿与地面呈平行状态,"定格"静止不动,稍停3~4秒;呼气,缓慢使伸直的双腿下落还原;重复练习。

易犯错误:收腹屈膝不到位;借助身体摆动的力量完成动作;注意力不集中。

建议:训练过程中,注意力集中在下腹部肌群;不要借助身体摆动的力量完成动作。

6. 背部肌群训练动作

（1）坐姿双手划船。

功效:增强背部肌群力量,训练背阔肌群,强健胸部肌群、臂部肌群。

器械：划船机。

动作要领：坐在划船机移动式结构的座椅上，双手握住划船机双桨把手，上身直立，同时屈膝固定双踝；吸气，双臂向后拉划双桨，同时上体挺胸后仰，双腿蹬直，稍停2~3秒；呼气，双臂向前推送桨柄，上体抬起直立，双腿屈膝还原；重复练习。

易犯错误：低头含胸；用力不协调；注意力不集中。

建议：双臂划桨要有节奏，用力要均匀；双臂拉划时，双脚要固定好，便于全身用力和双臂发力；注意力集中在背部肌群。

（2）躬身双手持铃上拉。

功效：增强背部肌群力量，训练背阔肌群、肩部肌群和臂部肌群，使整个背部呈现优美动人的V形。

器械：杠铃、哑铃。

动作要领：双脚开立，与肩同宽；双手持铃，手背向前，垂于腿前；双腿自然伸直；上体向前屈，使背部与地面保持平行状态；臀部稍向后移，使身体重心处于两脚脚跟之间的垂线上；吸气，持铃沿腿向上提起，直至杠铃杆贴住小腹部；两个上臂应紧贴体侧，抬头、挺胸、紧腰，稍停2~3秒；呼气，双手持铃缓慢放下还原；重复练习。

易犯错误：低头、含胸、弓背；借助躯干上下摆动的力量完成动作；注意力不集中。

建议：双手松握杠铃，注意力集中在背部肌群；上体与地面保持的角度应始终不变，身体不得有任何起伏和摆动；双手持铃提起和放下时，杠铃的横轴必须沿腿前上提或落下，杠铃片不能触地；动作要平稳缓慢。

这项训练可以有两种握距：窄握距主要锻炼背阔肌上部；中握距主要锻炼背阔肌中上部。初级练习者适宜采用中握距。

（3）躬身单手持铃上拉。

功效：增强背部肌群力量，训练背阔肌群、肩部肌群和臂部肌群。

器械：哑铃。

动作要领：双脚开立，一手扶在凳子上，也可以单腿跪在凳子上，使背部与地面平行；另一手拳心向内，直臂，在腿侧持哑铃；吸气，借助背阔肌收缩的力量，屈肘，向上提起哑铃至小腹外侧，上臂要贴紧体侧，稍停2~3秒；呼气，持铃缓慢沿腿侧放下还原；重复练习。

易犯错误：借助躯干左右扭转、上下摆动的力量完成动作；向上提拉不充分；注意力不集中。

建议：这是一个较"躬身双手持铃上拉"动作更能集中训练背阔肌群的典型动作；训练过程中，手要松握哑铃；注意力集中在背部肌群上，上体不要扭转；屈肘向上提拉时，应尽量向上提拉至最大限度；注意左右手交替练习。

（4）坐姿对握腹前平拉。

功效：增强背部肌群力量，训练背阔肌群和上背部肌群。

器械：平拉练习机、低滑轮重锤拉力器。

动作要领：面向低滑轮重锤拉力器，坐在垫子上，上体直立，挺胸、收腹、紧腰，双臂伸直，双手分别对握低滑轮重锤拉力器拉绳的两个把柄，掌心相对，虎口朝上，同时直膝，双脚固定；吸气，双臂向后方拉动牵引绳，双肘尖向后超过躯干的垂线，使双肩胛骨充分夹紧；当拉绳的两个把柄触及腹部外侧后，稍停2~3秒，双肩胛骨要充分夹紧；呼气，缓慢还原;重复练习。

易犯错误:训练过程中,借助上体前倾或后仰的力量完成动作;双臂突然拉放;注意力不集中。

建议:动作做得要完整,肌肉收缩要充分;注意力集中在背部肌群;要防止猛拉或猛放。

(5)颈后宽握引体向上。

功效:增强背部肌群力量,训练背阔肌群、肩部肌群和臂部肌群,可塑造肩背部优美曲线,使整个背部呈现 V 形。

器械:单杠、悬垂练习器。

动作要领:正手握紧横杠,双手宽握距,身体悬垂在单杠上,使腰背以下部位放松,背阔肌充分伸长,两小腿弯曲抬起;吸气,集中背阔肌的收缩力量,屈臂引体上升至颈后接近或触及单杠面,稍停 2~3 秒;呼气,借助背阔肌的收缩力量控制住,让身体缓慢下降还原;重复练习。

易犯错误:借助身体前后、上下摆动的力量完成动作;下落时,双臂伸不直;注意力不集中。

建议:训练过程中,注意力要集中在背部肌群,不要借助身体前后、上下摆动的力量完成动作;全身下垂时,肩胛不要放松,使背阔肌群充分伸展。

7.腰部肌群训练动作

(1)仰卧屈膝举腿转腰。

功效:增强腰背部肌群力量,训练腰部肌群,减少多余脂肪和赘肉,塑造腰腹部优美曲线。

器械:徒手、垫子。

动作要领:仰卧,双腿屈膝上提至小腿与垫面平行、大腿与垫面垂直,双臂侧伸,双手手掌朝下贴在垫子上;双腿一起向右摆,身体向右拧转至右膝触垫面,双臂尽量不离开垫面,然后还原;双腿再向左摆,身体向左拧转至左膝触垫面;左右交替进行;重复练习。

易犯错误:双臂和肩部离开垫面;身体左右拧转不到位;注意力不集中。

建议:呼吸要自然,双臂和双肩不能离开垫面,身体拧转要充分;注意力集中在腰腹部肌群。

(2)仰卧直腿举腿转腰。

功效:增强背部肌群力量,训练腰腹部肌群和臀部肌群,有塑造腰、臀、腿部优美曲线的作用。

器械:垫子。

动作要领:仰卧,双臂侧伸,双手掌心朝下贴在垫子上;双腿并拢,缓慢抬起后与垫面垂直,然后摆向左侧慢慢下落,至左脚侧面触地,稍停 2~3 秒后双腿还原至与上体垂直姿势,再摆向右侧慢慢下落,至右脚侧面触地,稍停 2~3 秒后双腿还原成与上体垂直姿势;重复练习。

易犯错误:双臂和肩部离开垫面;腿举不直;身体左右拧转不到位,脚未触及垫面;注意力不集中。

建议:呼吸要自然,双肩和双臂不要移动。

（3）仰卧直腿举腿侧摆。

功效:增强腰背部肌群力量,训练腰部肌群,有塑造腿部优美曲线的作用。

器械:垫子。

动作要领:仰卧,双臂侧伸成一字形置于垫面上,双手手心贴垫面;右腿伸直举起,与地面垂直,接着右腿向左侧落下,并以脚尖触垫面,同时腰腹部随之向左拧转,双臂尽量不离开垫面,自然呼吸;换左腿,用同样方法再做;左右交替重复练习。

易犯错误:同"仰卧直腿举腿转腰"动作。

建议:腿要伸直,用力均匀;双臂不要离开垫面。

（4）仰卧举腿蹬踏。

功效:增强腰、腹、背部肌群力量,训练腰背部肌群,增强腿部肌力,塑造腰腹部和腿部优美曲线。

器械:垫子。

动作要领:仰卧,双手叉腰,肩肘贴在垫子上,屈膝;双腿弯曲,前后交替摆动蹬踏(类似踏自行车的动作);重复练习。

易犯错误:动作不平稳、不协调;举腿不直;注意力不集中。

建议:自然呼吸;脚尖要伸直;左右交替为一组。

（5）站姿单腿摆越椅背。

功效:增强腰、腹、腿部肌群力量,训练腰腹部肌群,并能提高髋、腿的柔韧性,塑造腰腹部和腿部优美曲线。

器械:椅子。

动作要领:面对椅背站立,双手扶椅背,双腿伸直依次摆越过椅背;随着腿的摆动,双手依次离、扶椅背,上体保持直立,挺胸收腹;左右腿交替进行完成动作;注意力练习。

易犯错误:动作不协调;腿举不直;借助上体摆动的力量完成动作;注意力不集中。

建议:自然呼吸;双腿要绷直;用力要均匀。

（6）站姿屈膝蹬踏转腰。

功效:增强腰腹部肌肉力量,训练腰部肌群,还可强化内脏功能,对治疗便秘、消化不良、神经系统失调等有特效。

器械:椅子。

动作要领:面向椅面,右腿屈膝抬起,右脚置于椅面上,左臂屈肘于胸前,右臂上举;上体向右拧转下压,使左手触及右膝盖,右臂尽量后伸;左右侧交替做;重复练习。

易犯错误:动作不协调;身体左右拧转不充分;注意力不集中。

建议:转腰时,要尽量加大扭转幅度和力度。

（7）站姿扭转腰。

功效:增强腰腹部肌群力量,训练腰部肌群、腹内斜肌、腹外斜肌和腿部肌群。

器械:腰部旋转器。

动作要领:双脚站在腰部旋转器旋转盘上,双手扶住固定把柄,挺胸、收腹、紧腰,身体直立,双脚、双膝并拢,上体肩部固定不动,然后身体腰髋部向左、右做最大幅度扭转动作;重复练习。

易犯错误:肩部随髋部和下肢转动;屈膝、含胸、驼背;注意力不集中。

建议:呼吸要自然,不要屏气;身体充分扭转;躯干和下肢要协调一致。

(8)站姿单手持铃体侧屈伸。

功效:增强腰腹部肌群力量,训练腹外斜肌、腹内斜肌和髂腰肌群,减少腰腹部多余脂肪和赘肉,塑造腰腹部优美曲线。

器械:哑铃、壶铃、杠铃片。

动作要领:双脚开立,与肩同宽,挺胸、收腹、紧腰,一手持哑铃于体侧,另一手屈肘抱头;吸气,上体向一侧慢慢弯曲至最低点,稍停2~3秒;呼气,上体慢慢成直立姿势;再吸气,上体再向另一侧屈体至最低点;呼气,再还原;上体交替向两侧做屈体动作;重复练习。

易犯错误:左右顶髋、屈体和屈臂;身体前倾侧转;注意力不集中。

建议:双腿要伸直,膝关节要锁紧,髋关节要固定,身体不要前倾侧转;手臂不要用力(松握器械)或弯曲;注意力集中在腰腹部肌群。

(9)站姿双手持铃转体。

功效:增强腰部、腹部、髋部肌群力量,训练腹外斜肌、腹内斜肌、髂腰肌群和骶棘肌。

器械:杠铃、哑铃。

动作要领:双脚开立,双臂屈肘上抬,双手抓握铃,拳心向前,将铃置于颈后肩上,全身直立;吸气,上体向左扭转90°;杠端和脸部侧面朝向正前方,稍停2~3秒;呼气,慢慢还原;吸气,上体向右扭转90°,稍停2~3秒;呼气,缓慢还原;重复练习。

易犯错误:髋部和下肢随上体转动;上体扭转速度失控;注意力不集中。

建议:动作平稳而缓慢,用力要均匀,注意力要集中;上体扭转时,双脚要站稳,不能跟着转动;转动速度要平稳适度。

(10)站姿双手持铃躬身展体。

功效:增强腰部肌群力量,训练骶棘肌等腰部肌群,塑造腰部优美曲线。

器械:杠铃、哑铃。

动作要领:双脚开立,比肩稍宽;双手持铃置于颈后肩上,挺胸、收腹、紧腰,双手必须紧握铃,全身直立;呼气,上体向前慢慢弯下,至腰背部与地面平行,这时臀部应向后移,使身体重心处于双脚脚跟之间的垂线上,稍停3~4秒;再借助腰部肌群和背部肌群的收缩力量,挺身起立还原;自然呼吸;重复练习。

易犯错误:松腰、含胸、弓背;突然快速屈体;注意力不集中。

建议:训练过程中,注意力要集中在腰部肌群,腰背部必须始终挺直,不得松腰、含胸、弓背;上体前屈时应尽量慢,切忌突然屈体,防止腰背部肌群拉伤。

(11)俯卧挺身展体。

功效:增强腰背部肌群力量,训练髂肌、骶棘肌和下背部肌群,塑造腰部优美曲线。

器械:腰背练习器、高长凳。

动作要领:俯卧,小腹和大腿部分紧贴在高长凳上,双腿伸直,把双脚倒钩在高长凳的固定杠上;双手相握置于颈后,上体上抬稍离地面;吸气,用力使上体向上挺身抬起,全身成反弓形,并尽力伸展躯干,抬头、挺胸、紧腰,稍停3~4秒;呼气,屈体缓慢下落还原;重复练习。

易犯错误:突然下落还原;松腰、含胸、弓背;注意力不集中。

建议:训练过程中,腰背部必须始终挺直,不要松腰、含胸、弓背;挺身时,抬头、紧腰、展体;身体上抬时,稍快;下落屈体时,要缓慢;注意力要集中在腰部肌群。

(12)站姿双手持铃直腿硬拉。

功效:增强腰背部肌群力量,训练骶棘肌和下背部肌群,塑造腰部优美曲线,对扩大胸腔也有益处。

器械:杠铃、哑铃、壶铃。

动作要领:双脚开立,与肩同宽,双手握铃,直臂持铃下垂于腿前,挺胸、收腹、紧腰;呼气,以腰背部肌群力量控制上体慢慢向前弯曲,双腿保持伸直,至杠铃接近地面为止;吸气,持铃挺身起立,同时使双肩向后展开,胸部尽量向前挺出;重复练习。

易犯错误:屈臂用力上拉;松腰、含胸、驼背;注意力不集中。

建议:训练过程中,要始终保持挺胸、直腰的姿势;注意力要集中在腰部肌群,不要松腰、含胸、驼背;向前屈体时,要尽量平稳缓慢。

8. 臀部肌群训练动作

(1)仰卧直腿上举翻臀。

功效:增强臀部肌肉力量,训练臀部肌群,减少多余脂肪和赘肉,可促进全身血液循环。

器械:垫子。

动作要领:仰卧在垫子上,双腿伸直,双臂置于体侧;仰卧抬腿,使双腿与垫面垂直;举臀,腿部下压,使双腿伸向头后方触地,同时双臂压垫,自然呼吸,稍停2~3秒,再还原成初始姿势;重复练习。

易犯错误:腿伸不直;举臀高度不够;注意力不集中。

建议:训练过程中,上体不要移动位置,双腿尽量伸直;要求动作缓慢、匀速还原。

(2)俯卧直腿后上举腿。

功效:增强臀部肌肉力量,训练臀部肌群,可使臀部肌群紧缩上收,增加弹性,减少多余脂肪和赘肉,塑造臀部优美曲线。

器械:垫子、长板凳。

动作要领:俯卧在垫子上或长板凳上,双腿伸直并拢,双臂屈肘置于肩前或用双手抓握长板凳固定身体;吸气,用力于腰背肌群和臀部肌群,借助臀部肌群的收缩力量把双腿向上抬高拉起(应尽量高于垫面或板凳面),至臀部肌群完全收紧为止,同时抬头挺胸,稍停2~3秒;呼气,缓慢下落还原;重复练习。

易犯错误:双腿伸不直;双腿突然上举、下落;注意力不集中。

建议:双腿伸直,尽量高抬,注意力要集中在臀部肌群;还原动作要平稳缓慢,不要利用腿部下落的摆动惯性完成动作。

(3)侧卧屈膝直腿上举。

功效:增强臀腿部肌群力量,训练髋部两侧、后臀部和大腿内外侧的肌群,减少多余脂肪和赘肉,塑造臀部曲线。

器械:垫子。

动作要领:左侧卧,屈左臂,以左手肘支撑,右手置于体前;双腿伸直与上体成一直线,右腿搭在左腿上;右腿屈膝上抬靠近胸部,再伸直还原;右腿上举,再慢慢放下还原成初始姿势;重复练习。

易犯错误:动作不协调;举腿幅度小;借助上体摆动的力量完成动作;注意力不集中。

建议:左右侧交替做,用力要均匀;上体要稳定;举腿幅度要大。

（4）俯跪撑单腿屈膝后上举。

功效:增强腰臀部肌肉力量,训练腰臀部肌群,可使臀部紧绷上翘,减少多余脂肪和赘肉,塑造腰部、臀部、腿部优美曲线。

器械:垫子。

动作要领:双腿跪在垫子上,然后俯身向前,两个前臂撑地,低头含胸,弯背躬身;吸气,用力将左腿向后上伸举,脚尖绷直,同时抬头挺胸,腰部下弓,稍停2～3秒;呼气,慢慢还原;右腿以同样的动作练习;双侧腿交替重复练习。

易犯错误:动作不协调;举腿幅度小;勾脚尖;注意力不集中。

建议:动作要协调,举腿要高,动作幅度要大,用力要均匀;收腿和举腿的过程要缓慢进行。

（5）仰卧屈膝抬臀。

功效:增强腰臀部肌肉力量,训练臀腰部肌群,减少多余脂肪和赘肉,可使臀部浑圆丰腴、紧绷上翘,塑造腰臀部优美曲线。

器械:垫子。

动作要领:在垫子上仰卧屈膝,小腿垂直于地面;双脚间距略比臀宽,双臂伸直,双手掌心向下置于体侧;吸气,臀部抬起,上体重心移到肩部,以肩支撑;将臀部放下还原;重复练习。

易犯错误:动作不协调;突然抬臀或借助回落惯性的力量完成动作;注意力不集中。

建议:训练过程中,注意力要集中在臀部;用力要均匀;动作要协调。

（6）侧卧直腿上举。

功效:增强臀部肌肉力量,训练臀中肌、臀小肌和侧张肌,减少多余脂肪和赘肉,塑造臀部优美曲线。

器械:垫子。

动作要领:身体右侧卧,屈右臂,以右肘支撑身体,双手掌心平放垫子上,双腿伸直,左腿搭在右腿上,与上体成一直线;左腿上举,脚尖绷直,举到最高点,稍停2～3秒后再放下,但不要碰到右腿;左右腿交替做上举动作;重复练习。

易犯错误:动作不协调;屈腿、勾脚尖;举腿不高;动作幅度小;注意力不集中。

建议:举腿时吸气,放腿时呼气;动作要协调,腿要伸直,举腿要高,动作幅度要大,用力要均匀;注意力集中。

（7）俯跪撑直腿后上举。

功效:增强臀、腿部肌肉力量,训练臀部肌群,可使臀部紧绷上翘,减少多余脂肪和赘肉,塑造腰臀腿部优美曲线,并能提高腰背部的灵活性和柔韧性。

器械:垫子。

动作要领:右腿跪在垫子上,上体前俯,双手、前臂撑垫同肩宽,左腿伸直;吸气,左腿向后上高举,脚尖绷直,尽量上抬;将头抬起,腰向下弓,稍停2～3秒;呼气,左腿放下,但脚不要碰到垫子;重复练习。

易犯错误:动作不协调;屈腿、勾脚尖;举腿不高,动作幅度小;借助身体摆动的力量完成动作;注意力不集中。

建议:动作要协调,用力要均匀;注意力要集中;动作幅度要大,举腿要高;收腿和举腿过程要缓慢进行;左右腿交替练习。

(8)俯卧直腿交替后上举。

功效:增强臀部肌肉力量,训练臀部肌群,可使臀部肌群紧缩上收、增加弹性,减少多余脂肪和赘肉,塑造臀部优美曲线。

器械:垫子。

动作要领:俯卧在垫子上,双臂屈肘,前臂支撑于垫面;前臂与身体平行,双手掌心向下;上体不动,左腿伸直尽量向上举起,还原;绷直右腿向上举起,还原;重复练习。

易犯错误:屈腿、勾脚尖;举腿不高;动作幅度小;注意力不集中。

建议:双腿伸直,呼吸自然,腿距地越高效果越好。

(9)站姿负重外展大腿。

功效:增强臀腿部肌肉力量,训练髋部外侧、臀大肌和股外侧肌群,减少多余脂肪和赘肉,可使臀部浑圆丰腴、紧绷上翘,塑造臀部、腰部、腿部优美曲线。

器械:臀腿部练习器、弹力带。

动作要领:侧向臀腿部练习器单腿站立,左手扶住固定把手,右手叉腰,右脚脚踝套上阻力器牵引绳(或弹力带),抬头、挺胸、收腹、紧腰,全身直立;吸气,右腿向上抬起,尽量抬高,稍停2~3秒;呼气,慢慢放下还原;左右腿交替进行练习;重复练习。

易犯错误:站姿不稳;上体前倾侧屈助力完成动作;屈腿、勾脚尖;举腿不高;动作幅度小;突然猛拉猛放;注意力不集中。

建议:练习时腿要始终伸直,上体不要前倾侧屈;向外伸展大腿时,用力要均匀;注意力要集中在臀部肌群;支撑腿要伸直站稳。

(10)站姿负重内收大腿。

功效:增强臀腿部肌肉力量,训练臀大肌和股内侧肌群,减少多余脂肪和赘肉,可使臀部浑圆丰腴、紧绷上翘,塑造臀部、腰部、腿部优美曲线。

器械:臀腿部练习器、弹力带。

动作要领:侧向臀腿练习器单腿站立,左手扶住固定把手,右手叉腰或自然下垂,左脚脚踝套上弹力带(或阻力器牵引绳),抬头、挺胸、收腹、紧腰,全身直立;吸气,左腿贴身向体内侧上方举起,尽量向另一侧举起夹紧,稍停2~3秒;呼气,左腿缓慢放下还原;左右腿交替进行;重复练习。

易犯错误:站姿不稳,借助上体后仰侧转的力量完成动作;屈腿、勾脚尖;举腿不高,动作幅度小,突然猛拉猛放;注意力不集中。

建议:支撑腿要伸直站稳,动作完成要连贯、控制好,不要借助上体后仰、侧转的力量完成动作;向内收紧大腿时用力要均匀;注意力集中在臀部肌群。

(11)站姿负重后拉伸大腿。

功效:增强臀部肌肉力量,锻炼臀大肌和腰背部肌群,减少多余脂肪和赘肉,可使臀部浑圆丰腴、紧绷上翘,塑造臀部、腰部优美曲线。

器械:臀腿部练习器、弹力带。

动作要领:面对臀腿部练习器单腿站立,双手扶住固定把手,右脚脚踝套上弹力带(或阻力器牵引绳),抬头、挺胸、收腹、紧腰,全身直立;吸气,右腿向后上方拉伸举起,直到不能再举高时为止(尽量高举,使臀大肌完全收紧),稍停2~3秒;呼气,右腿缓慢放下还原;左右腿交替练习。

易犯错误:上体前倾或后仰;屈腿、勾脚尖;举腿不高,动作幅度小;突然猛拉或猛放;注意力不集中。

建议:上体要保持挺直,不要前倾或后仰;练习腿尽量向后上方高举,使臀大肌完全收紧;向后伸腿时,用力要均匀;注意力集中在臀部肌群。

9. 腿部肌群训练动作

(1)俯撑双腿交替屈伸蹬地。

功效:增强腿部肌肉力量,训练腿部肌群,减少多余脂肪和赘肉,使腿部强健有力。

器械:垫子。

动作要领:俯撑,身体伸直,双腿用力蹬地,左腿屈膝上抬,前脚掌着地,右腿伸直后蹬;双腿交换练习;右腿屈膝前抬,左腿伸直后蹬;自然呼吸;重复练习。

易犯错误:双腿交替屈膝蹬伸不充分,动作幅度小;借助身体上下摆动的力量完成动作;注意力不集中。

建议:动作完成要充分、协调;注意力要集中在腿部。

(2)站姿足腱深蹲起。

功效:增强腿部肌肉力量,训练大腿、小腿部肌群,减少多余脂肪和赘肉,使腿部匀称修长、富有曲线,并能保持脊柱挺直,端正立姿。

器械:椅子。

动作要领:面对椅背直立,双手扶在椅背上;双脚成八字形分开,双脚前脚掌着地、脚跟提起,上体挺直,屈膝下蹲,使大腿与地面平行,稍停2~3秒,然后缓慢起立;起立时吸气,下蹲时呼气;重复练习。

易犯错误:借助身体前俯或后仰的力量完成动作;提踵高度不够;注意力不集中。

建议:注意上体保持直立,用力要均匀、缓慢;注意力集中于下肢。

(3)站姿双手体前持铃深蹲起。

功效:增强腿部肌肉力量,训练大腿股四头肌和臀大肌群,减少多余脂肪和赘肉,可使腿部结实有力、线条柔和、匀称修长,塑造臀腿部优美曲线。

器械:壶铃、哑铃。

动作要领:双腿开立,与肩同宽,身体直立,双手握铃,直臂持铃置于体前,抬头、挺胸、收腹、紧腰,背部尽量伸直,目视前方;深呼气,双腿屈膝下蹲至双膝完全弯曲,稍停2~3秒;吸气,双腿用力伸直;缓慢还原;重复练习。

易犯错误:松腰躬背;屈臂上拉;突然下蹲屈膝;注意力不集中。

建议:始终保持挺胸、收腹、紧腰的姿势;注意力要集中于腿部肌群,不要松腰躬背;下蹲时要慢,使股四头肌在紧张的状态中逐渐伸长;下蹲到最后位置时,双腿呈全屈膝状态,不要利用屈膝反弹力量做伸腿起立动作;伸腿起立至双腿伸直时,必须使股四头肌完全收紧,紧腰夹臀,同时腰臀部要有向上、向前顶的意识;双手只需握住器械,不要有屈臂向上拉的动作。

(4)站姿双肩负重弓箭步蹲起。

功效:增强腿部肌肉力量,训练大腿股四头肌群和臀大肌群,减少多余脂肪和赘肉,可使腿部结实有力、线条柔和、匀称修长,塑造臀部、腿部优美曲线,提高腿部的柔韧性。

器械:杠铃。

动作要领:右脚向前跨出一大步,右脚脚尖向里偏斜,全脚掌着地;左脚原地不动,左脚脚跟向外偏斜支撑;双腿完全伸直站立;双手持杠铃置于颈后双肩上,上体保持挺胸、收腹、紧腰的姿势;呼气,上体垂直慢慢下降;右腿屈膝下蹲至大腿与地面平行;左腿向后挺直,左脚脚跟提起、前脚掌着地;双腿呈右前弓步,稍停2~3秒;吸气,利用股四头肌群和臀大肌群的收缩力量,收腿起立还原;左右腿交替进行练习;重复练习。

易犯错误:身体前倾或后仰;松腰、躬背;弓箭步重心不稳;突然下蹲;借助屈膝反弹的力量完成动作;注意力不集中。

建议:训练过程中,要始终保持抬头、挺胸、紧腰的姿势;注意力要集中在大腿股四头肌和臀大肌群;做弓箭步时,身体应尽量向下,使股四头肌群尽量伸展。

(5)站姿胯下双手持铃屈膝蹲起。

功效:增强腿部肌肉力量,训练大腿股四头肌和臀大肌群,减少多余脂肪和赘肉,可使腿部结实有力、线条柔和、匀称修长,塑造臀部、腿部优美曲线,提高腿部的柔韧性。

器械:杠铃。

动作要领:双脚开立,双脚尖分别向两侧稍外分;身体直立,右手在前,左手在后,双手握住杠铃,直臂持铃置于胯下,抬头、挺胸、收腹、紧腰,目视前方;深呼气,双腿屈膝下蹲至双膝完全弯曲,成骑铃姿势,稍停3~5秒;吸气,双腿用力伸直;起立还原;重复练习。

易犯错误:身体前倾或后仰;松腰、躬背;屈臂上拉;突然下蹲;借助屈膝反弹的力量完成动作;注意力不集中。

建议:保持挺胸、收腹、紧腰的姿势;注意力要集中在腿部肌群;上体勿前倾,臀部不要后凸;不要弓腰、驼背,背要直立;双手握杠力量要均匀,放下与上拉时,双臂始终要伸直。

(6)站姿双肩负重深蹲起。

功效:增强腿部肌肉力量,训练大腿股四头肌和臀大肌群,减少多余脂肪和赘肉,可使腿部结实有力、线条柔和、匀称修长,塑造臀部、腿部优美曲线。

器械:杠铃。

动作要领:双脚开立,与肩同宽,身体直立,双手掌心朝前抓握杠铃,将杠铃置于颈部后双肩上,抬头、挺胸、收腹、紧腰,背部尽量伸直,目视前方;深呼气,双腿屈膝下蹲至双膝完全弯曲,稍停2~3秒;吸气,双腿用力伸膝,直立还原;重复练习。

易犯错误:身体前倾或后仰;松腰、躬背;突然下蹲;借助屈膝反弹的力量完成动作;注意力不集中。

建议:在下蹲和起立过程中,上体必须始终保持挺胸、收腹、直腰的姿势;注意力要集中在腿部肌群,不要松腰、弓背;下蹲时要慢,使股四头肌在紧张的状态中逐渐伸长;下蹲到最后位置时,双腿呈全屈膝状态,不要借助屈膝反弹的力量做伸腿起立动作;伸腿起立至双腿伸直时,必须使股四头肌完全收紧,并要紧腰、夹臀,同时腰臀部要有向前顶的意识;上体不要前倾,臀部不要后凸,为防止出现躬腰、撅臀的动作,可在脚跟下垫上一块5~10厘米厚的木块,以维持身体平衡,从而保证训练效果。

(7)坐姿脚踝负重伸膝。

功效:增强腿部肌肉力量,训练大腿股四头肌群,减少多余脂肪和赘肉,可使腿部结实有力、线条柔和,塑造腿部优美曲线。

器械:伸膝练习器。

动作要领:坐在伸膝练习器的椅子上,抬头、挺胸、收腹、紧腰,上体直立;双手分别扶在椅子两侧,小腿与地面垂直,前脚踝放在伸膝练习器的踝关节阻力器护垫下方;吸气,用大腿收缩力量带动小腿上抬,使膝关节由屈到伸以向上举腿,使小腿与地面平行,同时用力勾紧脚尖,使股四头肌彻底收紧,稍停3~4秒;呼气,缓慢屈膝下落还原;重复练习。

易犯错误:脚尖绷直,双腿突然抬起或落下;动作完成不充分;注意力不集中。

建议:保持动作连贯,注意力要集中,不要中途停止或用力过猛;小腿不要突然抬起或落下;大腿始终不要抬离椅面。

(8) 俯卧脚踝负重屈膝。

功效:增强腿部肌肉力量,训练大腿股二头肌和臀大肌群,减少多余脂肪和赘肉,可使腿部结实有力、线条柔和、臀部上翘,塑造臀部、腿部优美曲线。

器械:伸膝练习器。

动作要领:俯卧在伸膝练习器的固定垫上,抬头、挺胸、收腹、紧腰,前臂弯曲,双手扶在垫子两侧,双腿伸直,后脚踝放在踝关节阻力器护垫下方;吸气,屈膝,使大腿和小腿形成小于90°的夹角,稍停3~4秒;呼气,缓慢伸膝下落,还原;重复练习。

易犯错误:脚尖绷直;撅臀;双腿突然抬起或落下;动作完成不充分;注意力不集中。

建议:屈小腿时,用力不要过猛,不要撅臀;还原时,要用力控制,不要突然回落;动作完成要充分;注意力要集中在大腿后侧的股二头肌群上。

(9) 坐姿双腿负重蹬伸。

功效:增强腿部肌肉力量,训练大腿股四头肌群、骨盆底肌群和臀大肌群,减少多余脂肪和赘肉,可使腿部肌肉结实有力、线条柔和、匀称修长,塑造臀部、腿部优美曲线。

器械:蹬腿练习器。

动作要领:坐在蹬腿练习器的固定座位上,屈膝,双脚分别踏在蹬腿练习器踏板上,双手握住座位两侧的扶手;吸气,用力蹬直双腿,稍停3~4秒;呼气,缓慢屈膝,还原;重复练习。

易犯错误:蹬腿不充分;突然蹬腿;注意力不集中。

建议:整个训练过程中,膝关节伸展和弯曲应不受限制,腿部应充分用力蹬出;动作要连贯、协调、控制好;注意力要集中在大腿肌群上。

(10) 坐姿双腿负重提踵。

功效:增强小腿部肌肉力量,训练小腿肌群,减少多余脂肪和赘肉,可使小腿部肌肉结实有力、线条柔和、匀称修长,塑造小腿优美曲线。

器械:杠铃、凳子、垫木。

动作要领:端坐在凳子上,两前脚掌踩在垫木上,双手持铃放在双膝盖上,不使其滑动;吸气,借助小腿三头肌的收缩力量,使脚跟跷起到最高位置,让小腿肌群完全收紧,稍停3~4秒;呼气,慢慢放下脚跟,还原;重复练习。

易犯错误:提踵动作不充分;快提、快落;注意力不集中。

建议:两前脚掌踩在垫木上(垫木厚度为5~10厘米),双脚脚跟要露在垫木外;注意力要集中在小腿三头肌群上。

（11）站姿双肩负重提踵。

功效：同"坐姿双腿负重提踵"动作。

器械：杠铃、垫木。

动作要领：身体直立，双脚开立，与肩同宽，抬头、挺胸、收腹、紧腰，双腿伸直，双手持杠铃置于颈后肩上；吸气，尽可能高地提起脚跟，让小腿肌群完全收紧，稍停3～4秒；呼气，缓慢放下脚跟，还原；重复练习。

易犯错误：同"坐姿双腿负重提踵"动作。

建议：完成动作时，不要屈膝、屈体；也可在前脚掌下垫一块5～10厘米厚的垫木，脚跟要露在垫木外，并且脚跟要着地；注意力要集中在小腿三头肌群上。

10. 心脏肌群训练方法

（1）立卧撑。

功效：增强心脏肌群和臀、腿肌群力量，提高心肺功能，促进血液循环，提高人体运动能力，使全身得到锻炼，进而达到健美的目的。

器械：垫子或徒手。

动作要领：直立，双臂自然下垂；屈膝下蹲，双手撑地（或撑在垫子上）成蹲撑状，双腿向后伸直成俯撑状，腹肌用力，双腿收成蹲撑状，最后直立，还原，自然呼吸；重复练习。

易犯错误：动作不协调；身体站不直、蹲不下，憋气；注意力不集中。

建议：双腿屈膝要充分，自然呼吸。

（2）健身跑。

功效：增强心脏和腿部肌群力量，提高心肺功能，提高身体的协调性，提高人体运动能力，从而使全身得到训练，达到消除疲劳和健美体形的目的。

器械：跑步机。

动作要领：站在跑步机平台上，头部抬起，双眼向前平视，上体微微前倾，肩部和臀部处于同一条直线上，双臂前后摆动，步幅适中。

易犯错误：动作不协调；身体晃动；憋气。

建议：上体不要左摇右晃，脚落地时要轻盈；自然呼吸；双腿蹬摆要充分。

（3）骑固定健身自行车。

功效：增强心脏和腿部肌群力量，提高心肺功能，提高人体运动能力，使全身经络通畅，从而达到消除疲劳和健美体形的目的。

器械：固定健身自行车。

动作要领：坐在固定健身自行车的座椅上，身体稍前倾，挺胸、收腹、紧腰，双眼向前平视，双手紧握车把；双脚下踩自行车脚踏板，双腿做一伸一屈蹬踏动作；自然呼吸；重复练习。

易犯错误：借助上体摆动的力量完成动作；憋气，双腿蹬踏不充分；注意力不集中。

建议：双腿蹬踏用力要均匀、协调、充分；自然呼吸；注意力集中于腿部。

（4）原地跳绳。

功效：增强心脏和腿部肌群力量，提高心肺功能，提高人体运动能力，增强腿部弹跳力和灵活性，塑造腰部、腿部优美曲线。

器械：跳绳。

　　动作要领：身体直立，双手握跳绳的两端把手，屈肘于侧腰，置跳绳于体后，上体挺直，屈肘靠近腰侧；用手腕旋动跳绳，有节奏地向前挥摆，双腿并腿跳；重复练习。

　　易犯错误：动作不协调；憋气；注意力不集中。

　　建议：自然呼吸；动作要连贯、协调。

三、器械形体训练前后的伸展和放松练习

　　器械形体训练后的放松练习和肌肉伸展练习是塑造健美体形和增强肌肉力量的重要组成部分。这些练习不但能减轻肌群的紧张与疲劳，而且能预防肌肉损伤，促进血液循环，美体、修身，甚至可预防和治疗一些背部疾病。

　　1. 腿后肌群伸展练习

　　将一条腿伸直放在长凳上，身体缓慢下压，拉伸腿后的肌肉；深呼吸，肌肉放松拉长，最大幅度下压，使其充分伸展；换腿，重复以上练习。

　　2. 大腿前侧肌群伸展练习

　　手扶墙或器械，从体后抬起一条腿，并用手紧紧抓住脚，使脚触及臀部，拉伸腿部肌肉，但不要过分用力；换腿，重复以上练习。

　　提示：为了提高肌肉的弹性，应尽量使大腿向后伸，并保持一段时间；这种练习在腿部长时间剧烈运动后效果最好。

　　3. 腿部肌肉伸展练习

　　这一练习是为柔韧性很好的练习者准备的。把一条腿轻放在器械上，使腿与地面保持平行，用手触摸脚尖；如果是一个柔韧性很好的练习者，则可以把上体向前下压，胸部贴近膝盖，慢慢拉伸肌肉，但不要太用力；换腿，重复以上练习。

　　4. 肩部伸展练习

　　一只手握住一个与肩等高的器械，身体向后用力伸展胳膊，然后慢慢向前转体，拉伸肩胛肌和背阔肌。

　　提示：在开始做胸部和肩部的剧烈运动之前做上述练习。

　　5. 胸部伸展练习

　　双手紧握体后练习器的把柄，缓慢向前挺胸，伸展胸部和背部的肌肉，但不要过分伸展背阔肌。

　　提示：在肩部运动后，做这一练习效果最好。

　　6. 背部伸展练习

　　在拉力器上，用至少超过练习者体重三分之一的重量进行悬垂练习，使胳膊和背部肌肉得到拉伸。如果练习者有轻微的背部疼痛，那么适当放松后，做这项练习效果最好。

　　提示：运用这种悬垂方式在拉伸背部肌肉的同时，也能提高手臂力量。

　　7. 小腿伸展练习

　　小腿肌肉是经常被忽视的肌肉，许多女性在运动时不注意锻炼小腿。在做这一练习时，双手撑住器械，慢慢地使脚跟上下运动，这对小腿肌肉伸展具有良好的作用。

　　提示：练习后，在同样的位置再做一次提膝抬腿的练习。

　　8. 全身伸展练习

　　在与肩等高的拉力器上，负一定的重量，双脚并拢固定，双手抓住把柄，向后拉伸，

使练习者手臂、背部、大腿及全身肌肉得到伸展。

提示:练习时,注意力应集中在拉伸的各部分肌肉,以达到最佳伸展效果。

在做放松练习时的注意事项如下。

(1)每次伸展要舒缓、平衡。

(2)伸展时,要保持正常呼吸;用力伸展时吸气,放松时呼气。

(3)不要让关节有疼痛的感觉;伸展时,关节不要超过正常活动范围。

(4)不要伸展刚刚骨折和新近拉伤的肌肉。

(5)每次伸展时间控制在15秒左右。

学 习 指 导

1. 学习要点:器械训练对于形体塑造的锻炼价值;持器械进行形体训练时的注意事项。

2. 延伸学习:掌握各种训练的动作要领及注意事项;自己尝试创编各种动作,并进行形体训练。

思考与练习

1. 利用器械进行形体训练的要求有哪些?

2. 制订一套适合自身的器械训练的计划,并总结训练效果。

第十一章　身体发展不平衡及
形态畸形的矫正方法

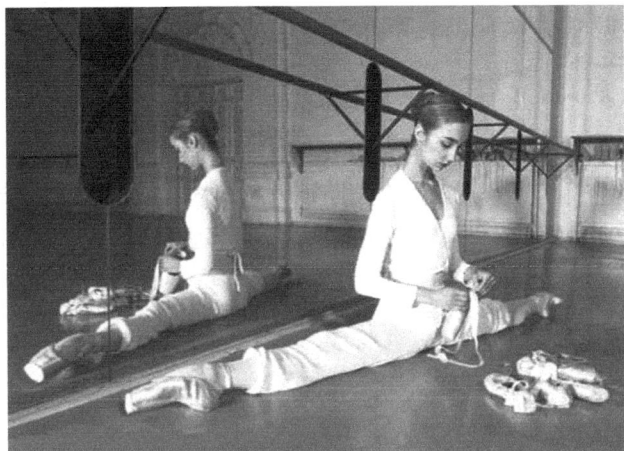

　　日常生活中有种种原因会造成人体的形态有这样或那样的发展不平衡和畸形,这些缺陷和畸形影响了我们的正常生活,给我们带来了诸多的不便。尤其对于想要从事服务行业的人员而言,缺陷和畸形会使其在面试中受到阻碍。为了改善这种身体发展的不平衡和畸形,首先,必须了解什么是形态畸形。形态畸形是指人体由于遗传或后天的营养不良及身体长时间的不正确姿势,所导致的骨骼变形和肌肉发育不平衡的现象。畸形会给形体健美和身体发育与健康带来不良的影响,特别是有些较轻程度的畸形,由于不影响正常的生活和学习,往往不被人们所重视,久而久之,导致了畸形的加重,严重者甚至会影响正常的学习和生活。到了中青年时期,随着骨结构的完全发育,完全靠矫正操和体育锻炼,矫正的效果不是很明显,必须通过治疗才能奏效。但对于青少年,特别是少年儿童,由于他们的骨结构还没有完全发育,因此畸形是可以矫正的。

　　下面根据现实生活中常见的身体发展不平衡和形态畸形的种类,有针对性地制定矫正方案,练习者可以根据自己的具体情况,有选择地进行训练。

　　通过本章学习,了解各种身体形态畸形或身体发展不平衡的产生原因;掌握矫正的基本方法。

第一节 "一肩高，一肩低"的矫正方法

一、"一肩高，一肩低"的概念

"一肩高，一肩低"又称"高低肩"，是一种较为常见的身体发展不平衡的现象，是脊柱侧弯引起的两侧肩膀高度不统一的形态。"高低肩"不仅会对形体美造成很大的影响，而且还会影响颈椎、脊椎的正常发育，并进一步引发与脊椎相关的疾病，包括由于脊椎侧弯而造成的食欲不振、心脏功能偏弱等。

二、造成"一肩高，一肩低"的原因

"一肩高，一肩低"形成的先天因素主要为遗传导致的脊柱侧弯和人体代谢异常；后天因素主要为经常处于不良姿势或两肩长期承重不均衡，如伏案工作、背单肩包等。肩关节周围的软组织长时间处于紧张状态，久而久之，肩部肌群紧缩、上臂肌群拉长而形成斜肩，从而导致两肩高低不一。

三、矫正方法

1. 利用自身条件进行矫正

练习一　芭蕾舞体态

方法：如图 11-1-1、图 11-1-2 所示；直立，芭蕾舞一位脚，一位手准备；将肩部下沉，从而突出胸部和颈部的线条；腿部收紧，腰部直立，以使姿态挺拔、仪态端庄；将双手打开七位手，控制 10 秒左右，收回，还原动作。注意，七位手时，手及手臂呈圆弧状，双臂高度统一，双肩松弛下沉。

图 11-1-1　　　　　　　　　　　　　　　图 11-1-2

练习二　绕肩

方法：如图 11-1-3 所示；双手叉腰，直立；双肩缓慢向斜前上方耸，吸气；向斜后下方放松沉肩，呼气，返回初始动作；向斜后上方耸肩，吸气；向斜前下方放松沉肩，呼气，返回初始动作；两个方向各绕肩 10～15 次为佳。注意，双肩需要放松。

图 11-1-3

2. 利用器械进行矫正

练习一　翻转垂悬

方法:如图 11-1-4、图 11-1-5 所示,利用单杠等器械进行练习;双手正握单杠,自然垂悬准备;屈膝、收腹、团身,将臀部后翻,呈反拉手吊肩垂悬姿势,控制 3～5 秒;向前提臀翻转,还原到自然垂悬状态;动作重复 15～20 次为佳。

图 11-1-4

图 11-1-5

练习二　侧平上举

方法:如图 11-1-6 所示,利用哑铃等器械(或空手)进行练习;双脚开立与肩同宽,上体直立,双手持哑铃(或握拳)下垂于体侧;吸气,双臂同时做侧平上举动作,控制 3～5 秒;呼气,放下还原;动作重复 15～20 次为佳。

图 11-1-6

练习三　垂悬引体向上

方法:如图 11-1-7 所示,利用单杠等器械进行练习;双手反握单杠,自然悬垂 10～15 秒;引体向上 5～10 次;动作重复 12～15 次为佳。

图 11-1-7

第二节 "溜肩"的矫正方法

一、"溜肩"的概念

"溜肩"又称"垂肩",是青少年中较常见的一种身体发展不平衡现象,主要表现为肩部与颈部的角度较大。"溜肩"虽然对形体美产生很大影响,但只要加强锻炼,采用适当的方法就可以矫正。

二、造成"溜肩"的原因

"溜肩"形成的主要原因是肩部的锁骨和肩胛骨周围附着的各肌群(如三角肌、胸大肌、背阔肌、斜方肌等)不发达,使锁骨和肩峰部位下垂,从而形成"溜肩"。

三、矫正方法

1. 利用自身条件进行矫正

练习一 耸肩

方法:如图 11-2-1 所示,双手叉腰,跪坐准备;吸气,双肩快速向上耸,控制 5 秒左右;向下放松沉肩,呼气,返回准备动作;每天练习 5 ~ 10 分钟为佳。注意,练习时需要放松胸部。

图 11-2-1

练习二 蝉式支撑

方法:如图 11-2-2 所示,屈膝半蹲,双手撑地,双手间距与肩同宽;将重心缓慢移至双手,双脚脚尖着地,收腹、团身;双脚脚尖缓慢离地,双脚悬空;用双手支撑全身,控制3~5秒,返回初始姿势;动作重复10~15次为佳。

图 11-2-2

练习三　俯卧撑

方法:俯卧,双手手掌撑在地面上,双手间距约同肩宽,脚尖撑地,身体保持平直;向下屈臂和向上撑起时,肘关节内收,不要外展;动作重复15~20次为佳,可根据自身情况逐日递增。

2. 利用器械进行矫正

练习一　颈前推举

方法:如图11-2-3所示,利用哑铃等器械进行练习;盘腿坐地,挺胸收腹,双手分别握器械放于锁骨前方准备;将双手垂直向上推起至双臂完全伸直,控制2~3秒,吸气;慢慢屈臂收回双手,返回初始动作,呼气;动作重复15~20次为佳。

图 11-2-3

练习二　胸前上提

方法:如图11-2-4所示,双脚开立与肩同宽,双手握拳(根据实际条件也可以选择双手握哑铃、杠铃、壶铃等器械);双手屈臂向上提至与肩平行,控制3~5秒,返回准备动作。动作重复12~15次为佳。

图 11-2-4

练习三　支撑摆动

方法:如图11-2-5所示,利用双杠等器械进行练习;站立在器械之间,双手分别握住一根杠杆准备;向上跳,双手握杆成支撑动作,身体自然下垂;双脚向前或向后摆动 5~10 次,返回准备动作;动作重复 12~15 次为佳。

图 11-2-5

第三节　"驼背"的矫正方法

一、"驼背"的概念

"驼背"又称"弓背""圆背",是一种较为常见的脊柱变形,是胸椎后突引起的人体形态改变。"驼背"不仅会对形体美造成很大的影响,而且会影响乳房及心肺的正常发育,从而引发某些腰背相关疾病。

二、造成"驼背"的原因

"驼背"的形成有先天因素和后天因素两方面原因。后天因素多为长时间持续低头、窝胸等不良姿势使背部肌肉薄弱、松弛无力,久而久之,形成习惯就造成了"驼背"。此外,骨质疏松也会造成"驼背"。

三、矫正"驼背"的基本方法

1. 利用自身条件进行矫正

练习一　仰撑挺胸

方法:平躺挺胸,双手侧平放,双脚并拢做准备动作;头朝后卷,同时挺胸至最大限度,头顶点地,双臂伸直放松,双手扶地,控制 5 秒左右,如图 11-3-1 所示;返回准备动作;动作重复 10~15 次为佳。

图 11-3-1

练习二　后振扩胸

方法:如图 11-3-2 所示,直立,双臂在胸部前方弯曲做准备动作;双手手肘带动双臂向后扩胸,胸部尽量朝前挺;返回准备动作;动作重复 20~25 次为佳。

图 11-3-2

练习三　两头翘

方法:俯卧,双手前伸,双脚并拢做准备动作;左手、右脚同时上提,直至与地面呈 15°以上夹角,控制 3 秒左右,返回准备动作;右手、左脚动作同上;双手双脚同时上提,直至与地面呈 15°以上夹角,控制 5 秒左右,如图 11-3-3 所示,返回准备动作。动作重复 15~20次为佳。

图 11-3-3

练习四　半蹲挺胸

方法:直立,双手叉腰准备。微微屈膝,两肘后展,挺胸仰头至最大限度,控制 3 秒左右,如图 11-3-4 所示,返回准备动作。注意,胸部尽量大幅度向前倾,收腹;动作重复 20~25次为佳。

图 11-3-4

2. 借助外物进行矫正

练习一　前压练习

方法:面对墙壁等物体进行练习;双手上举扶墙,双脚开立,离墙约一臂长的距离做准备动作;挺胸、抬头,用胸去靠墙,臀部翘起,塌腰,如图 11-3-5 所示;控制 5 秒左右,返回准备动作;动作重复 10~15 次为佳。

练习二　环动练习

方法:利用毛巾进行练习;双手伸直,在体前握住毛巾的两端做准备动作;双手保持平行由体前尽力朝体后转动,同时挺胸,如图 11-3-6 所示;在极限位置控制 3 秒左右,返回准备动作;反方向转动,动作同上;动作重复 15~20 次为佳。

图 11-3-5

图 11-3-6

图 11-3-7

练习三　扩胸练习

方法:利用门框进行练习;双臂侧举,双手分别抓在两侧门框上,双脚并拢;重心前移,胸向前顶伸至最大限度,控制 3~5 秒,返回准备动作。注意,要适当控制动作的速度和力量,不要用力过猛;动作重复 15~20 次为佳。

练习四　靠墙站立练习

方法:利用墙壁等物体进行练习;背靠墙壁站立,头、双肩、臀部、小腿肚和脚跟紧靠墙面,如图 11-3-7 所示;站立时间一般根据自身情况确定。

第四节　"鸡胸"的矫正方法

一、"鸡胸"的概念

"鸡胸"是一种常见的胸廓畸形,是指胸骨向前明显突出,胸前壁呈楔状凸起,状如禽类的胸骨;外观显示胸肌的纵面呈弓形,两侧的第 4 至第 8 根肋软骨呈与胸骨平行的深凹陷沟状,使突出的部分更加明显,就像是一只巨手将胸骨抓起而将两侧肋软骨压瘪了一样。"鸡胸"不仅影响美观,还会影响人体呼吸系统。

一般轻度的胸廓畸形对人体的生理功能影响不大,应采取预防措施,如服用维生素 D、增强体育锻炼等,以防止其继续发展。对严重的胸廓畸形,则应给予手术治疗。

二、造成"鸡胸"的原因

造成"鸡胸"的原因如下。

(1) 先天发育异常:胸骨、脊椎骨和肋骨的发育不平衡,造成了胸廓的畸形。

(2) 婴幼儿时期营养不良,如孕妇体内缺钙或婴幼儿患有某些造成营养不良的疾病。

(3) 胸腔内疾病,如先天性心脏病、扁平胸等。

(4) 日常不良习惯等。

三、矫正"鸡胸"的基本方法

1. 利用自身条件进行矫正

练习一　前滚翻

方法:双腿并拢下蹲,双手撑地,屈臂低头做准备动作;头顶点地,重心前移,双脚蹬地,同时提臀、收腹,小腿紧靠大腿,团紧身体往前翻滚。注意,枕骨、肩、背、臀部各部位依次触垫,滚动圆滑;动作重复 15～20 次为佳。

练习二　抱吸腿

方法:平躺在地上做准备动作;将右脚伸直,左腿屈膝,膝盖贴近胸口,足踝贴近骨盆;双手环抱左腿,身体微微上抬,控制 30 秒左右,如图 11-4-1 所示;两条腿交替重复练习 2～3 次为佳。

图 11-4-1

练习三　俯卧撑

方法:身体成俯卧姿势,双臂伸直与地面垂直支撑身体,双手距离与肩同宽,收腹紧腰,双腿并拢伸直,脚尖撑地,全身挺直;屈臂,使身体下落,双肘自然向外张开,屈臂到最低位(上臂与前臂之间的夹角小于 90°)时,胸大肌应得到充分拉长;收缩胸大肌,伸双臂,直至撑直还原;重复练习 15～20 次为佳;练习时,可使用支撑架,以便将胸大肌拉得更长;始终保持身体挺直姿势,不沉肩、不塌腰、不撅臀,尽量撑起身体。

2. 借助外物进行矫正

练习一　推墙

方法:利用墙壁进行练习;面朝墙站立,双手放在墙上做准备,如图 11-4-2 所示。将力量集中在右肩膀位置,用右手紧推墙,尽量伸展右胸肌,控制 10 秒左右;左手重复右手动作;每只手练习 5～10 次为佳。

练习二　正反 C

方法:利用哑铃等器械进行练习;盘腿坐地,双手紧握器械做准备动作;双手平举并拢,腰椎向后平移,尽量低头,如图 11-4-3 所示;控制 5 秒左右,返回准备动作;动作重复 20～25 次为佳。

图 11-4-2

图 11-4-3

第五节 "脊柱侧弯"的矫正方法

一、"脊柱侧弯"的概念

"脊柱侧弯"是指脊柱向左或向右发生弯曲,超过正常范围。这种情况常发生于颈椎、胸椎、腰背部或胸部与腰部之间的脊椎,是青少年发育期(以女性居多)比较常见的一种脊柱畸形。"脊柱侧弯"的初期表现为双肩不等高或腰凹不对称;后期表现为脊柱向一侧弯曲,呈 C 形,或者向双侧弯曲,呈 S 形。

二、造成"脊柱侧弯"的原因

迄今为止,"脊柱侧弯"的发病原因仍不十分清楚,不过大致可分三种情况:先天遗传;人体代谢异常;日常生活习惯不良等。由于现在学生的活动量普遍不足,肌肉缺乏锻炼,再加上坐、站、走、背包等姿势不正确,容易造成"脊柱侧弯"。

三、检查"脊柱侧弯"的基本方法

(1)测量双肩的高度是否相同。
(2)测量双肩胛骨高度是否相同,位置是否对称。
(3)测量腰线是否水平。
(4)向前弯腰时,测量腰背部的左右高度是否一致。

四、矫正"脊柱侧弯"的基本方法

1. 利用自身条件进行矫正

练习一 侧卧踢腿

方法:侧卧(向脊柱侧弯方向),一手前伸,另一手屈臂撑地,外侧腿用力侧踢,如图 11-5-1 所示,还原;重复练习 20 ~ 30 次为佳;要求踢腿时身体要正,踢腿幅度要大。

练习二 小狗延伸式

方法:跪坐在垫子上,手扶地慢慢向前移动,臀部向脚跟方向移动,保持手臂的伸展,额头贴在垫子上,让颈部放松,如图 11-5-2 所示;保持下背部微微弯曲,感觉脊柱在延长,用力伸展手臂;此时,保持臀部向脚跟的方向用力,吸气,感受脊柱的伸展,控制 5 秒左右;动作重复 15 ~ 20 次为佳。

练习三 摇摆式

方法:一脚前一脚后弓箭步准备;抬起双臂与肩同高,收紧大腿肌肉,伸直双腿,但不要锁定膝关节;向左(脊柱侧弯反方向)弯曲上体,右手放在左小腿胫骨上,左臂向上,如图 11-5-3 所示,控制 5 秒左右,返回准备动作;动作重复 15 ~ 20 次为佳。

图 11-5-1

图 11-5-2

图 11-5-3

2. 借助外物进行矫正

练习一　坐在椅上侧转

方法:利用椅子进行练习;侧坐,右侧身体朝向椅背,将双手放于椅背上,双腿及髋部保持不动,如图 11-5-4 所示;吸气,伸展上体;呼气,双臂用力,身体向右后侧转动,从肚脐的部位开始扭转,依次是肋骨及头部;当扭转时,应让左侧肩胛骨下缘向内挤压,向脊柱正中的方向施力;控制 5 秒左右,返回准备动作;动作重复 15~20 次为佳;反方向练习同上。

练习二　持器械侧弯腰

方法:利用哑铃等器械进行练习;双腿开立,与肩同宽,用与脊柱侧弯方向相反的手臂握住器械自然下垂,另一侧手臂侧屈抱头做准备动作,如图 11-5-5 所示;上体向握哑铃的一侧弯曲,尽力延伸;控制 3~5 秒,返回准备动作;动作重复 15~20 次为佳;反方向练习同上。

图 11-5-4

图 11-5-5

练习三　双人互拉法

方法:借助两人的相互拉力来进行矫正;两人面对面坐下,分别并拢双腿做准备动作;两人脚掌对脚掌,其中一人身体慢慢向前屈,手拉手,如图 11-5-6 所示;控制 5~10 秒,返回准备动作;动作重复 10~15 次为佳。

图 11-5-6

第六节　"O形腿"的矫正方法

一、"O形腿"的概念

"O形腿"是佝偻病的症状之一,又称"罗圈腿"。正步站好,双足内踝部靠拢,双腿笔直站立时,如果双膝有缝隙,并且相距1.5~2厘米以上的,称为"O形腿"。

二、造成"O形腿"的原因

"O形腿"的形成原因大致有三种:在幼儿时期站立过早、行走时间过长,导致下肢长期负重,下肢骨向外弯曲;缺乏维生素D和钙,维生素D缺乏后造成钙、磷代谢紊乱,阻碍钙的吸收,出现骨质软化;日常行走姿势不正确。"O形腿"一旦形成,对一个人的站姿、走姿及形体都会有不同程度的影响,因此应及早发现、及时矫正。

三、矫正"O形腿"的基本方法

1. 扣膝练习

练习一　向内双扣

方法:双脚平行站立,与肩同宽,双臂自然下垂做准备动作;双腿微微弯曲下蹲,身体前倾,双手扶膝盖外侧;双手用力向内侧推压膝关节,使双膝关节内扣并拢,如图11-6-1所示,控制5秒左右;整个练习重复5~10次为佳。

练习二　单膝内扣

方法:双脚平行站立,与肩同宽,双手叉腰做准备动作;左腿伸直,右腿屈膝内扣,右腿膝盖朝向左侧,身体同时左转,如图11-6-2所示;控制5秒左右;整个练习重复5~10次为佳。

图11-6-1

图11-6-2

2. 跪坐练习

方法:如图11-6-3、图11-6-4所示,跪立,双膝并拢,两小腿分开,双手叉腰;臀部慢慢向下压,直至达到跪坐姿势,控制5秒左右;整个练习重复5~10次为佳。

图 11-6-3

图 11-6-4

3. 捆绑练习

练习一　下蹲

方法:双脚并拢,正步站立,用绳带将膝盖关节捆绑住(松紧度根据个人承受力而定),双手叉腰做准备动作;连续做屈膝下蹲动作,每次下蹲需至极限,速度快慢均可;整个练习重复 10 ~ 20 次为佳。

练习二　跳跃

方法:准备动作同上;双腿微微弯曲,蹬地向上跳跃的同时迅速伸直双腿;落地时,前脚掌先着地,同时屈膝下蹲;整个练习重复 20 ~ 30 次为佳;动作速度可逐渐加快。注意,每次落地时都要屈膝缓冲,切不可直膝落地,否则会造成运动损伤。

4. 膝盖夹物练习

练习一　坐姿夹物

方法:坐在椅子或板凳上,双手放于身后抓住椅子,双腿并拢屈膝,大腿与小腿夹角呈 90°,将物品紧紧夹在双膝间;双膝夹物向上提,直至靠近胸部,同时双脚掌向两侧尽量分开,如图 11-6-5 所示;整个练习重复 20 ~ 25 次为佳;训练过程中,所夹物品可先厚再薄。

练习二　夹物下蹲

方法:双脚并拢正步站立,将物品放在双膝之间,双膝把物品夹紧,身体前倾,双手扶双腿膝盖外侧;屈膝缓慢下蹲,双手适当用力向内挤压,使双膝紧闭,所夹之物不掉落,如图 11-6-6 所示,控制 5 秒左右后起立;整个练习重复 10 ~ 20 次为佳。

图 11-6-5

图 11-6-6

第七节 "X形腿"的矫正方法

一、"X形腿"的概念

"X形腿"又称"剪刀腿",是指股骨内收、内旋,双膝能并拢,而胫骨外展、外旋,双脚并不拢的一种骨关节异常和腿部形态异常的现象,是佝偻病的症状之一。当正步站立时,双膝并拢,双脚足跟并不拢,且双脚足跟相距1.5厘米以上的,或者走路时出现双膝"打架"、互碰步态的均称为"X形腿"。

二、造成"X形腿"的原因

"X形腿"的形成原因与"O形腿"基本相同。只有很少一部分人的"X形腿"是由小时候缺钙引起的,而大多数人的"X形腿"是由长期行走姿势不良或走路用力不当引起的。有些人早期走路时"内八字",也就是股骨内旋,自行调整后的结果是大腿的内旋没有纠正,又出现了小腿的相对外旋,"内八字"就变成了"X形腿"。

三、矫正"X形腿"的基本方法

1. 双膝外展

练习一 正坐压膝

方法:如图11-7-1所示,正坐,双脚掌心相对,双膝外展,双手分别扶膝关节内侧;身体微前倾,同时双手轻轻下压膝盖,不可太快、太猛。注意,脚掌不要分开,膝盖压到不能再压时,保持一段时间,放开还原;整个练习重复15~20次为佳。

练习二 俯跪双膝外展

方法:俯跪,双臂弯曲,用前臂支撑做准备姿势;双膝分别向外侧横移,尽量分开;双脚掌心相对,尽量贴近地面,如图11-7-2所示;轻轻下压膝盖,到最大限度后,控制5秒,还原到准备姿势;整个练习重复10~15次为佳。

图11-7-1   图11-7-2

2. 单膝外展

练习一 踢毽子

方法:直立,手持毽子;用脚的内侧连续踢毽子,或者双脚交替踢毽子;脚向上踢起时,膝盖用力向外侧下压;整个练习重复15~25次,重复次数可根据自身水平的提高而增加(在无实物的情况下,还可模仿踢毽子的动作进行练习)。

练习二 按压膝盖

方法:如图11-7-3所示,坐在椅子或凳子上,右脚屈膝把小腿放在左侧大腿上,左手扶住右脚脚踝,右手放在右腿膝盖上;右手用力将右膝向下按压,按压至最大限度,控制 5 秒左右,然后缓慢放松,双手还原;左腿按压方式同上;整个练习重复 10～15 次为佳,单次控制时间可根据水平提高而延长。

3. 夹物延伸

方法:坐在椅子的前三分之一处,双手放于身后抓住椅子,双腿并拢屈膝,小腿与大腿夹角呈 90°,脚踝夹紧物品;用脚带动腿沿地面向上举起,直至双腿伸直,与地面平行,如图 11-7-4 所示,控制 5 秒左右还原;整个练习重复 10～15 次为佳。

图 11-7-3　　　　　　　　　　　图 11-7-4

4. 捆绑练习

练习一　抬腿控制

方法:如图 11-7-5、图 11-7-6 所示,坐在椅子的前三分之一处,双手放于身后抓住椅子,双腿并拢屈膝,小腿与大腿夹角呈 90°,双脚脚踝处用绳带捆紧(松紧度根据个人承受力而定);双膝尽量向上提起,控制 3 秒左右,再缓慢向前伸直双腿,绷脚尖;脚尖离地面距离越远越好,双脚脚踝尽力夹紧;整个练习重复 10～15 次为佳。

图 11-7-5　　　　　　　　　　　图 11-7-6

练习二　按摩及捆绑练习

方法:白天按摩推拿两小腿内侧肌肉,并将足内翻、内收、内旋,每组练习重复 20～30 次,每天两组;夜间睡觉时,将双脚脚踝用绳带绑在一起或用小夹板固定。

第八节　"Y 形腿"的矫正方法

一、"Y 形腿"的概念和形成原因

"Y 形腿"是佝偻病的症状之一,是胫骨内收、内旋,而股骨外展、外旋,双腿膝盖以上并不拢的一种骨关节异常和腿部形态异常的现象。当正步站立时,双膝和脚跟并拢,大腿内侧并不拢,且大腿内侧间隔距离为 1.5 厘米以上的均称为"Y 形腿"。

"Y 形腿"的形成原因与"O 形腿""X 形腿"基本相同,只是外形稍有区别。形成"Y 形腿"的主要原因是幼儿时期过早行立,导致下肢过早负重,骨质软化和长期保持不良姿势。

二、矫正"Y 形腿"的基本方法

1. 利用自身条件进行矫正

练习一　十字交叉踢腿

方法:平躺,双手侧平放,双脚并拢绷脚尖准备;右脚脚尖发力,朝左肩方向踢腿,当腿踢到极限的时候控制 5 秒左右,单手(双手)握住右脚,帮助其保持姿势,如图 11-8-1 所示;收回右腿,返回准备动作;反向练习同上;双腿练习各重复 15~20 次为佳。

练习二　单腿半蹲

方法:正步站立,双手叉腰准备;屈膝半蹲,将重心移至左脚;右脚离地,右腿放在左大腿处,右小腿可轻靠左小腿;腿部姿势类似跷二郎腿,如图 11-8-2 所示,控制 5 秒左右,返回准备动作;反向练习同上;双腿练习各重复 15~20 次为佳。

图 11-8-1

图 11-8-2

2. 借助外物进行矫正

练习一　夹书

方法:利用书本等物品进行练习;双脚并拢,正步站立,将书放在两大腿之间,用大腿内侧把书夹紧;身体微微前倾,双手适当用力向内挤压大腿,使大腿紧闭,所夹之物不掉落,如图 11-8-3 所示,控制 5 秒左右后起立;整个练习重复 10~20 次为佳。

练习二　捆绑练习

方法:利用绳带等物品进行练习;双脚并拢,正步站立,用绳带将大腿捆绑住(松紧度根据个人承受力而定),双手叉腰做准备动作;迈步向前走,尽力并拢大腿,速度快慢均可;整个练习重复 10~20 次

图 11-8-3

为佳。

第九节　"扁平足"的矫正方法

一、"扁平足"的概念

"扁平足"俗称"平板脚",是指在站立的时候足部内侧没有足弓,而足底贴地。足跟与足背借助韧带与关节的作用形成足弓,使足部有较好的弹性,能够缓冲外力的冲击和震荡,还可对行走时足底的神经起到保护作用。正因如此,人类才能自如地跑步、跳跃、长途跋涉,以及做高难度的技巧性动作。"扁平足"的人在长途行走、奔跑时易疲劳,其速度、耐力及爆发力都不如正常人。足跟长时间着地也会压迫足底神经,容易产生足麻、足痛,不易减少外力对脊柱、大脑及内脏的冲击,甚至造成脏器的损伤,影响正常的发育。"扁平足"的人难以胜任运动员、军人、飞行员等职业。

二、造成"扁平足"的原因

"扁平足"大部分是由先天因素或后天足部肌肉、韧带损伤,如肌腱损伤、小腿肌群麻痹或萎缩等原因造成,这些因素使韧带维持足弓的力量削弱,使足弓变形或消失从而形成"扁平足"。

三、矫正"扁平足"的基本方法

1. 利用自身条件进行矫正

练习一　芭蕾舞立半脚尖

方法:像芭蕾舞者一样,直立,双手叉腰准备;先慢慢提起脚跟,尽量提高,脚趾尖紧抓地面,如图 11-9-1 所示;保持身体重心,控制 5 秒,再缓慢恢复准备动作;整个练习重复 15～20 次为佳。

练习二　勾脚压腿

方法:正步直立,双手自然下垂准备;右脚勾脚,用脚跟点地;左脚屈膝,身体前倾,双手抓右脚掌;尽力使头靠近右脚趾尖,如图 11-9-2 所示,控制 5 秒左右,返回准备动作;反向动作同上;整个练习重复 10～15 次为佳。

图 11-9-1

图 11-9-2

练习三　模拟鳄鱼形态进行练习

方法:俯卧在地上,双臂弯曲撑在身体两侧,腿部保持平直,勾脚尖做准备动作;上半身微微抬起,头部平视向前;以足尖、手掌和腹部为支点(根据个人的承受能力,腹部可以离地)撑在地上,形如拖着长长尾巴的鳄鱼,如图 11-9-3 所示;控制 3 秒左右,返回准备动作;整个练习重复 10 ~ 15 次为佳。

图 11-9-3

2. 借助外物进行矫正

练习一　跳绳

方法:利用跳绳进行练习。注意,跳绳时应保持身体平衡,尽量使用脚尖着地;每次跳 30 ~ 50 个为佳。

练习二　抓趾练习

方法:利用毛巾、小毯子等物品进行练习;将准备好的物品放在地面上,用脚趾去抓取;根据个人的练习情况,可增加难度;每次练习 10 分钟左右为佳。

练习三　踩压踏板

方法:利用踏板等能反弹的物品进行练习;将准备好的两个踏板放在地面上,将双脚脚跟踩压在踏板上做准备;重心移至左脚,右脚屈膝半脚尖点地,控制 3 秒左右;再用右脚踩压踏板,左脚屈膝半脚尖点地,控制 3 秒左右;整个练习重复20 ~ 25 次为佳。

第十节　"大腿过粗"的矫正方法

一、造成"大腿过粗"的原因

"大腿过粗"会影响人们的体形美和体态美。造成"大腿过粗"的原因大致可分为:家族遗传,家族里大部分成员都腿部粗大;饮食习惯,经常食用含脂肪太多的食物,而脂肪积聚在臀部和大腿;缺乏运动或运动不当、过量,如长时间做屈腿负重动作,如举重和短跑,这些都会使"大腿变粗"。

二、矫正"大腿过粗"的基本方法

1. 利用自身条件进行矫正

练习一　半球环动

方法:双脚并拢平躺,双手平放身体两侧准备;绷脚尖发力,将双腿慢慢抬起离地,双脚尽力向两侧分开,脚尖离地面越近越好,如图 11-10-1 所示;双脚慢慢并拢,同时落地,返回准备动作;每次动作控制在 20 秒左右,整个练习重复12 ~ 15 次为佳。注意,练习过程中脚尖应代替大腿发力,动作保持流畅,不可在离地时停顿、控制不动。

练习二　错步小跳

方法:立正姿势,双手叉腰准备;将右脚向前跨一步,右腿弯曲膝盖,左脚后侧伸直,呈弓箭步;跳起的同时左右脚互换(此时注意背部要挺直);刚开始做的时候以 10 秒做 10 次为目标,习惯后再加快速度;整个练习重复 20～30 次为佳。

练习三　芭蕾舞擦地

方法:一位脚或五位脚,双手叉腰准备;动作腿交替进行前、旁、后方向的擦地练习各数次,如图 11-10-2 所示。注意,胯骨提高,双腿外旋,动作腿绷脚尖前伸;双腿交替练习。

图 11-10-1

图 11-10-2

2. 利用物体进行矫正

练习一　舞动彩带

方法:利用彩带等物品进行练习;将彩带捆绑在右脚脚尖,双脚并拢,平躺准备;右脚脚尖发力,快速离地正踢腿,将彩带舞动起来,如图 11-10-3 所示;快速收腿返回准备动作,再次舞动彩带;双腿交替各练习 15～20 次。

练习二　勾脚外旋

方法:利用墙壁进行练习;准备时,背靠墙坐地,双腿向前伸直,勾起双脚,如图 11-10-4 所示;将一条腿抬起后外旋,力求与脚掌形成水平线与上体平行;以脚趾带动动作腿绕至旁侧,保持脚趾头朝向后方;脚跟着地,保持外旋状态,然后收回;整个练习重复 12～15 次为佳。外旋能力强了,内侧肌脂肪就会明显减少。

图 11-10-3

图 11-10-4

第十一节 "扁平胸"的矫正方法

一、"扁平胸"的概念

"扁平胸"是一种胸廓呈扁平状的形态。正常人的胸廓横径与前后径之比是1.5∶1,但"扁平胸"的人其前后径不及胸廓横径的一半。"扁平胸"常见于瘦弱或个高的人,而患有严重消耗性疾病的患者和身体极差的人,也可见"扁平胸"。

当前,人们越来越注重个人形象,特别不愿拥有"扁平胸"苦恼。因为"扁平胸"给人的印象一是不美观,二是不健康。其实,"扁平胸"并不是什么大病,只要加强营养、平衡膳食、坚持锻炼,扁平的胸部一定会变成丰满、挺拔、曲线优美的胸部。

二、造成"扁平胸"的原因

"扁平胸"的产生原因有三种,一是乳房先天性双侧或单侧发育不良;二是青春期营养摄取不足,导致胸部得不到足够的营养,造成胸部扁平;三是哺乳后乳房萎缩、松垂,或者进行了乳腺切除手术等。

三、矫正"扁平胸"的基本方法

1. 利用自身条件进行矫正

练习一　推手美胸

方法:盘腿坐下准备;将双臂抬起与肩同高,双手掌心相贴、合十,犹如祈祷的姿式,如图11-11-1所示;双手掌心稍使力向内互推,直到手臂、手肘微酸为止,控制10秒左右;整个练习重复20~25次为佳。

练习二　拉臂美胸

方法:盘腿坐下,挺胸、缩小腹,将左臂弯曲,从头后抓住右手手肘,右臂下坠,尽量与手肘、肩平行,如图11-11-2所示;将右手肘微弯后,由左手稍用力一拉,将右手往背后带下,控制5秒左右;双手再伸直上举,左右手交替练习;整个练习左右交替,重复20~25次为佳。

练习三　伸展美胸

方法:跪坐在脚后跟上,使腰部和胸部尽量挺拔;双手紧扣放在头后,用力向后扩展肘部,使肩部、胸部向前舒展到最大,如图11-11-3所示;控制数秒,深呼吸3次,放松,返回初始动作;整个练习重复15~20次为佳。

图11-11-1　　　　　　　图11-11-2　　　　　　　图11-11-3

2. 利用器械进行矫正

练习一　合并环举

方法:利用哑铃等器械进行训练;仰卧地上,屈双膝,脚掌平放在地面,双手侧平放做准备;双手分别握器械,将双臂向上提伸到胸前上方,双拳相对,如图11-11-4所示;手肘微屈,吸气,手臂慢慢向左右两侧降下,直至手肘接近地面为止,呼气;整个练习重复12~15次为佳。

练习二　V字挤压

方法:利用哑铃等器械进行训练;直立,双手各握一个器械;吸气,同时弯曲胳膊肘,将双肘往身体两侧张开;呼气,同时胸部用力,将双肘回收到胸前;此时双肘在胸前相碰,双手分开,两小臂呈V字形,如图11-11-5所示;控制5秒左右,返回初始动作;整个练习重复12~15次为佳。

图11-11-4

图11-11-5

第十二节　"一臂粗,一臂细"的矫正方法

一、"一臂粗,一臂细"的原因

在日常生活中,人们习惯使用一侧手,因此左右手臂的粗细稍有区别属正常情况。造成双臂粗细区别明显的原因,通常是由于过量使用单手进行运动而产生的,如长期打羽毛球、网球、乒乓球、保龄球等。所以,只要坚持进行矫正练习,注意双臂的均衡训练,"一臂粗,一臂细"的现象一定能够有明显的改变。

二、矫正"一臂粗,一臂细"的基本方法

1. 利用自身条件进行矫正

练习一　画圆(纠正"细臂")

方法:如图11-12-1所示,"细臂"一侧手向体侧伸直,另一侧手叉腰,双脚站立,与肩同宽准备;用"细臂"一侧手画圆,向外画圆20次,再向内画圆20次,大约5秒画一次;圆不用画得太大;训练过程中用手臂的力量,而不是手掌。

练习二　俯卧撑(纠正"细臂")

方法:俯卧,双手撑地准备;将手部重心移至细臂一侧,做俯卧撑;根据个人承受能力,可直接做单手俯卧撑;整个练习重复15~25次为佳。

图 11-12-1

练习三　摆手（纠正"粗臂"）

方法："粗臂"一侧手放松自然下垂，另一侧手叉腰，双脚站立，与肩同宽准备；将"粗臂"一侧手快速向前、向后反复摆动，前后摆动幅度大约与身体呈45°夹角，约1秒摆动一次。注意，摆动时指尖发力，大臂放松下沉。

练习四　汤匙拉臂（纠正"粗臂"）

方法：跪坐，双手伸直平举准备；将"粗臂"一侧手臂弯曲，用手抓住细臂一侧手手肘；细臂一侧手臂向逆时针方向绕环，尽量伸直手肘与肩平行；远看造型貌似汤匙，控制5秒左右，返回准备动作；整个练习重复 10~15 次为佳。

2. 利用器械进行矫正

练习一　单手器械（纠正"细臂"）

方法：利用哑铃等器械进行练习；细臂一侧手手握器械，另一侧手叉腰准备；握住器械的手向前伸直，之后向上举，贴紧耳朵控制3秒左右，如图11-12-2所示；反复屈臂、直臂，整个练习重复 15~20 次为佳。

练习二　模拟搓背（调整双臂）

方法：利用毛巾等器械或物品进行练习；站立，双脚与肩同宽；右手握住器械或物品向上伸直，手臂尽量接近头部，让器械或物品垂在头后；从手肘部位向下弯曲，让器械或物品垂在后腰部位；将左手从身后向上伸，握住器械或物品的另一端，双手慢慢相互靠近，直到右手握住左手；此时右手的手肘会刚好放在后脑勺处，注意不要低头，控制10秒左右返回初始动作，如图11-12-3所示；双手交替练习，整个练习重复 10~12 次为佳。

图 11-12-2

图 11-12-3

第十三节　"一腿粗，一腿细"的矫正方法

一、造成"一腿粗，一腿细"的原因

一般人的双腿粗细稍有差异，属正常现象，如果存在严重差异，就应检查是否存在以下原因：骨盆偏移，导致脊柱力学平衡失调，引起人体左右体态不对称；神经异常，导致肌肉发育不良或肌肉萎缩；双腿运动不合理。

二、矫正"一腿粗,一腿细"的基本方法

1. 利用自身条件进行矫正

练习一　陆地青蛙游泳

方法:俯卧准备;模仿青蛙游泳时的蹬腿动作,着重"细腿"一侧的练习;在练习过程中,需要使用腿部的力量,从而锻炼腿部肌肉,塑造腿部优美曲线;每次练习 3 ~ 5 分钟为佳。

练习二　脚部打击

方法:仰卧,双手侧平放,脚跟并拢,绷脚呈小"八"字,双腿外旋准备;双脚抬高,与地面呈 15°夹角;右脚在上、左脚在下重叠放置,如图 11-13-1 所示;再换为右脚下、左脚上重叠放置;练习 5 组,返回准备动作;每次练习 3 ~ 5 分钟为佳。

图 11-13-1

2. 利用器械进行矫正

练习一　单脚骑车

方法:利用脚踏车进行练习;坐在车座上准备,用细腿发力踩脚踏车;如果不想购置脚踏车,也可以躺在床上,做踩空中脚踏车的运动;每次练习 3 ~ 5 分钟为佳。

练习二　单腿跳绳

方法:利用跳绳进行练习;用细腿发力跳跃;单腿跳绳,保持平衡;每次练习 3 ~ 5 分钟为佳。

练习三　沙袋慢跑

方法:利用沙袋进行练习;将沙袋捆绑至细腿一侧,慢走、慢跑 10 分钟以上;在沙地上练习效果更佳。

第十四节　"八字脚"的矫正方法

一、"八字脚"的概念

"八字脚"就是指双脚分开像"八"字。"八字脚"走路时,姿势不正、步态不稳、步子迈不开,易使鞋变形、变坏。

二、"八字脚"的分类

"八字脚"有"内八字脚"和"外八字脚"两种。"外八字脚"就是在行走时,两只脚尖向外分开,"内八字脚"则恰恰相反。

三、造成"八字脚"的原因

"八字脚"的形成有先天因素和后天因素等原因。后天因素主要包括由过早学步、站立,过早穿皮鞋,体内缺钙和不良走姿等。

四、矫正"八字脚"的基本方法

1. 利用自身条件进行矫正

练习一 日常训练

方法:在日常生活的坐、立、行过程中,有意识地控制双腿,使腿、脚并拢,脚尖和膝盖朝向身体的正前方。

练习二 直线走跑

方法:在地面上选择一条直线,双脚踩着直线行走或跑步;注意,膝盖和脚尖都要朝向正前方,每次迈步时要注意调整重心,使每一只脚都能准确地踩在直线上。

2. 芭蕾舞脚位外展(纠正"内八字脚")

练习一 脚位开合

方法:如图11-14-1所示,正步站立,双手叉腰;右脚脚尖向右侧缓慢展开,左右脚脚跟的夹角呈90°,再收回正步;换左脚脚尖向外左侧缓慢展开,左右脚脚跟的夹角呈90°,再收回正步;反复进行;双脚同时向两侧分别缓慢展开,左右脚脚跟的夹角呈90°,再收回正步;反复进行。

练习二 芭蕾舞一位脚

方法:如图11-14-2所示,双手(单手)扶把杆或其他支撑物站立;双脚脚跟对齐并拢,双脚脚尖尽力向两侧分开,朝两耳方向,最好能够达到芭蕾舞一位脚;控制时间则根据练习者的自身情况而定,可由5秒逐渐增加到1~2分钟。

图11-14-1

图11-14-2

练习三 芭蕾舞二位脚

方法:双手(单手)扶把杆或其他支撑物站立;双脚在芭蕾舞一位脚基础上,左右分开约一脚距离;双脚脚尖尽力向外分开,朝两耳方向,最好能够达到芭蕾舞二位脚,如图11-14-3所示;控制时间则根据练习者的自身情况而定,可由5秒逐渐增加到1~2分钟。

3. 脚跟外展(纠正"外八字脚")

方法:正步站立,双手叉腰;右脚脚跟向外缓慢展开,直至右脚脚尖与左脚脚尖呈90°,

如图 11-14-4 所示,再收回正步;换左脚脚跟向外缓慢展开,直至左脚脚尖与右脚脚尖呈 90°,再收回正步。反复进行。双脚脚限同时向外缓慢展开,直至双脚脚跟呈 180°,再收回正步;反复进行。

图 11-14-3

图 11-14-4

4. 踢毽子(纠正"内八字脚""外八字脚")

方法:用脚背内侧连续向上踢毽子,双脚交换进行,可纠正"外八字脚";用脚背外侧连续向上踢毽子,可纠正"内八字脚"。

学 法 指 导

1. 学习要点:造成身体发展不平衡或形态畸形的原因;矫正的方法。
2. 延伸学习:预防身体发展不平衡或形态畸形;生活中时刻保持正确姿态。

思考与练习

1. 除本书介绍的基本动作外,你还知道哪些可以矫正身体发展不平衡或形态畸形的方法?
2. "一肩高,一肩低"与"脊柱侧弯"之间存在什么样的关系?
3. 成年人怎样预防形态畸形?

参 考 文 献

[1] 张岚. 形体训练. 北京:旅游教育出版社,2004.

[2] 王文刚. 运动处方. 广州:广东人民出版社,2005.

[3] 大河原久典. 塑造形体锻炼法. 陆薇薇,徐翠,译. 南京:江苏科学技术出版社,2003.

[4] 刘令姝. 30 天炫出体线. 北京:农村读物出版社,2005.

[5] 张燕. 形体健美. 合肥:合肥工业大学出版社,2004.

[6] 韦恩·威伦. 教你练肌肉. 李筱青,译. 长沙:湖南科学技术出版社,2005.

[7] 德拉威尔. 肌肉健美训练图解. 李振华,胡竖莉,译. 济南:山东科学技术出版社,2006.

[8] 万里,谢英彪. 运动健身宜与忌. 北京:人民军医出版社,2007.

[9] 杨斌. 形体训练纲论. 北京:北京体育大学出版社,2003.

[10] 杨斌,龚莹莹,唐吉平,等. 健身美体设计. 长沙:湖南人民出版社,2008.

[11] 相建华,杨润琴,尹军玉. 初级健美训练教程. 北京:人民体育出版社,2003.

[12] 洪涛. 空乘人员形体及体能训练. 北京:旅游教育出版社,2007.

[13] 夏思永. 形体训练. 重庆:西南师范大学出版社,2005.

[14] 张英波. 运动健身全攻略. 北京:北京体育大学出版社,2006.

[15] 王洪. 健美操教程. 北京:人民体育出版社,2001.

[16] 向智星. 形体训练. 北京:高等教育出版社,2004.

[17] 上海市卫生局 VII 项目办公室,上海市体育局群体处. 社区健身处方. 上海:上海科技出版社,2004.

[18] 常薏. 形体训练. 北京:高等教育出版社,2002.

[19] 宋雯. 瑜伽美人操. 南京:江苏科学技术出版社,2008.

[20] 黄宽柔,姜桂萍. 健美操与体育舞蹈. 北京:高等教育出版社,2006.

[21] 范京广,刘洋. 模特瑜伽塑型——形体强化训练. 北京:北京体育大学出版社,2004.

[22] 山田阳子. 矫正身姿美体教程. 张军,译. 北京:中国画报出版社,2005.